Minidulces

Minidulces

Publicado por Parragon Books Ltd en 2013

LOVE FOOD es un sello editorial de Parragon Books Ltd

Parragon, Inc.
440 Park Avenue South
13 Floor New York
NY 10016
USA
www.parragon.com

Copyright © Parragon Books Ltd 2013

Love Food y el logotipo correspondiente son una marca comercial registrada de Parragon Books Ltd en Australia, Reino Unido, Estados Unidos, la India y la Unión Europea.

www.parragon.com/lovefood

Todos los derechos reservados. Ninguna parte de esta obra se puede reproducir, almacenar o transmitir de forma o por medio alguno, sea este electrónico, mecánico, por fotocopia, grabación o cualquier otro, sin la previa autorización escrita de los titulares de los derechos.

ISBN 978-1-4723-2461-0

Impreso en China/Printed in China

Creación y producción: Pene Parker y Becca Spry
Texto y economía doméstica: Sara Lewis
Fotografía: William Shaw

Traducción: Carme Franch para Delivering iBooks & Design
Edición y maquetación: Delivering iBooks & Design

Notas:

En este libro las medidas se dan en el sistema métrico. Cuando el nombre de algún ingrediente varía de una región del ámbito hispánico a otra, se ha procurado ofrecer las variantes. Se considera que 1 cucharadita equivale a 5 ml y 1 cucharada, a 15 ml. Si no se especifica lo contrario, la leche es siempre entera y los huevos, medianos.

Los tiempos indicados son orientativos. Los tiempos de preparación pueden variar de una persona a otra según su técnica culinaria; asimismo, también pueden variar los tiempos de cocción. Los ingredientes opcionales, las variaciones y las sugerencias de presentación no se han incluido en los cálculos.

Las recetas que llevan huevo crudo o poco hecho no están indicadas para niños, ancianos, mujeres embarazadas ni personas convalecientes o enfermas. Se recomienda a las mujeres embarazadas o lactantes que no consuman cacahuetes ni productos derivados. Las personas alérgicas a los frutos secos tendrán que tener en cuenta que algunos de los productos preparados que llevan estas recetas pueden contenerlos; por tanto, antes de dosificarlos deberán leer atentamente la lista de sus ingredientes. Compruebe siempre el envase de los productos antes de consumirlos.

Índice

Introducción	6
Repostería tradicional	10
Repostería sofisticada	28
Repostería para ocasiones especiales	46
Repostería para fiestas	62
Índice analítico	80

Introducción

Impresione a sus amigos la próxima vez que organice una cena, una fiesta de cumpleaños u otra ocasión especial con estas especialidades de repostería en miniatura. Si le gusta la idea de servir un postre en miniatura o, como hacen los restaurantes, una degustación de dos o tres en un mismo plato, estas recetas están hechas para usted. Si la celebración es informal, sirva la repostería en fuentes o bandejas, como si fueran canapés, y presente la repostería en fuentes.

Utensilios

Moldes

Seguro que en casa tiene recipientes adecuados, ya sean vasos de licor o de chupito, moldes para minimagdalenas, flaneras individuales o tazas de café. Si le interesan otro tipo de moldes acuda a las tiendas de menaje o consulte en internet.

Para preparar estas recetas se necesitan moldes de 50 y 150 ml de capacidad. En el caso de los moldes de silicona para minimagdalenas se da la medida de la base de los huecos. En algunas recetas se piden moldes metálicos para 12 o 24 magdalenas. Los vasos de chupito tienen una capacidad de 50 ml.

Para los bocaditos necesitará un molde desmoldable de 30 x 20 x 5 cm. Para la Mousse de triple chocolate (véase la página 52) necesitará un molde desmontable hondo y cuadrado de 20 cm.

Estas recetas en miniatura pueden servirse en moldes de papel o de papel de aluminio o directamente en platos o servilletas de aperitivo. Algunas pueden servirse en cucharas o ensartadas en tenedores.

Mangas pasteleras y boquillas

Estas recetas se han preparado con una manga pastelera grande de nailon o algodón encerado con boquillas lisas o en forma de estrella de varios tamaños. Es imprescindible para hacer los Profiteroles de chocolate a la crema de whisky (véase la página 76) y rellenar moldes de chocolate o vasos de forma limpia (véase la página 60).

Para hacer adornos más delicados no compre una manga más pequeña. Superponga dos triángulos de papel encerado en forma de cucurucho, rellénelo y córtele la punta con las tijeras. En tiendas de menaje encontrará mangas pasteleras de plástico desechables.

Técnicas de cocción

Congelación

Si va a congelar los postres en vasos, utilícelos de plástico. Póngalos en la bandeja del horno o un recipiente de plástico y congélelos sin tapar hasta que adquieran consistencia. Cúbralos con film transparente o tápelos y etiquételos. Consúmalos a las 6 semanas como máximo. Descongélelos toda la noche en el frigorífico o 2 horas a temperatura ambiente y resérvelos en el frigorífico. Si sobrara parte del postre, no vuelva a congelarlo.

Gelatina

En las recetas de este libro se utiliza gelatina en polvo. Dosifíquela con una cucharilla medidora para una mayor precisión y espolvoréela sobre un bol refractario con agua fría. Si quedaran grumos, remueva con suavidad con una cucharilla. Deje la gelatina 5 minutos en remojo (obtendrá una textura esponjosa), encaje el cuenco en la boca de un cazo y vierta agua hasta la mitad del recipiente. Hierva el agua a fuego suave 5 minutos, hasta que la gelatina se disuelva y obtenga un líquido transparente de color pajizo. Si se calentara demasiado, déjela enfriar unos minutos. Incorpore la gelatina al vino, el zumo de fruta o la nata, según la receta. Pase la preparación enseguida al recipiente de servicio (si la gelatina llevara trozos de fruta, que suelen flotar, déjela cuajar un poco antes de repartirla). Refrigérela 3 o 4 horas.

Para desmoldar la gelatina, si el molde es metálico sumérjalo en agua hirviendo a fuego suave 2 segundos (un poco más si fuera de silicona). Separe un poco la gelatina con los dedos y desmóldela en una fuente de servicio. Sosteniendo el molde y el plato, dele una sacudida rápida al molde y limpie la fuente con papel de cocina. Sírvala al cabo de 30 minutos como máximo.

Caramelo

Hay que evitar remover el azúcar mientras se disuelve, de lo contrario podría cristalizarse. Caliente el azúcar y el agua a fuego bajo en un cazo de base gruesa, inclinándolo. Cuando el azúcar se haya disuelto, hiérvalo a fuego rápido 4 o 5 minutos; tomará color por los bordes y tenderá a quemarse, por lo que deberá estar pendiente del cazo. Inclínelo un poco para que el caramelo tome un color uniforme. Cuando se dore, apártelo del calor.

Merengues

Antes de montar claras, compruebe que el bol y las varillas estén limpios y secos. Bátalas a punto de nieve e incline el bol: si están listas no se caerán. Incorpore el azúcar poco a poco, a cucharaditas, y siga batiendo las claras un par de minutos más tras añadirlo todo hasta que estén homogéneas, espesas y satinadas. Repártalo con una cuchara o la manga pastelera en unas bandejas de horno forradas con papel vegetal y cuézalo en el horno, según la receta, hasta que el merengue esté duro y se desprenda fácilmente del papel. Si se pegara, cuézalo un poco más e inténtelo otra vez. Los merengues enfriados sin relleno ni cobertura se conservan 3 o 4 días en una caja de galletas forrada con papel vegetal en un lugar frío.

Forrar moldes

Si el molde es cuadrado, dibuje el contorno sobre una hoja de papel vegetal y recorte la silueta por dentro de la línea. Corte una tira de papel de la profundidad del molde y haga un doblez de 1 cm en el lado largo. Engrase el molde con un pincel de cocina, cubra las paredes con la tira de papel de modo que el doblez quede en la base y haga un corte en las esquinas. Encaje la base de papel en el molde. Si el molde tuviera huecos redondeados, como los de magdalenas, engráselos. Recorte redondeles de papel vegetal 1 cm más grandes que el diámetro de los huecos. Haga unos cortes de 5 mm alrededor de los redondeles y presiónelos en la base de los huecos del molde de manera que los lados recortados cubran las paredes.

Magdalenas

Se suele empezar por los ingredientes secos. Primero se tamiza la harina. Eche los ingredientes líquidos a la vez y remueva con suavidad. Cuando todo esté mezclado, pero aún se aprecien motitas de harina, reparta la pasta entre los huecos del molde. No remueva mucho la pasta, pues las magdalenas quedarían correosas. A menos que se dé otra indicación, llene los huecos sin llegar al borde. Durante la cocción, las magdalenas suben y su abombamiento sobrepasa incluso la altura del molde.

Punto de cocción del bizcocho

El bizcocho suele dorarse un poco y abombarse por el centro. Para comprobar si está hecho, presiónelo con suavidad con los dedos; se debe notar consistente, no duro. Pínchelo con un palillo; si este sale limpio significa que el bizcocho ya está listo.

Adornos

Virutas de chocolate

Extienda el chocolate recién derretido sobre una tabla de mármol para repostería o una tabla para cortar queso hasta obtener una capa uniforme de 5 mm de grosor como máximo. Déjelo cuajar en un lugar fresco. Para hacer las virutas, arrastre un cuchillo largo de cocinero sobre el chocolate en un ángulo de 45 grados, moviéndolo de arriba abajo. Para hacer virutas de dos colores, extienda una banda de chocolate blanco derretido sobre la tabla de mármol, déjelo cuajar 5 minutos y, después, extienda otra capa de chocolate negro derretido por encima de modo que ambas capas tengan el mismo grosor. Deje cuajar el chocolate y córtelo en virutas como se ha indicado anteriormente.

Si dispone de poco tiempo, ponga una tableta de chocolate al revés sobre una tabla de cocina, de modo que la parte lisa quede hacia arriba, y pase un pelador de hortalizas por encima con la cuchilla algo inclinada. El tamaño de las virutas dependerá de la temperatura del chocolate y su contenido graso. Si el chocolate estuviera muy frío, las virutas quedarían diminutas, por lo que es mejor ablandarlo en el microondas a la máxima potencia 10 segundos (si la tableta es grande o el chocolate es negro, quizá deba repetir la operación un par de veces). Cuanto menos sólidos de cacao contenga el chocolate, más fácil será modelarlo, por eso las virutas de chocolate blanco y con leche quedan más grandes.

Dibujos de chocolate

Rellene una manga pastelera pequeña de papel vegetal (véase la página 6), enrolle la parte superior para que no rebose el chocolate y córtele la punta. No hace falta que le añada boquilla. Dibuje motivos como hojas, flores, mariposas, letras y corazones a mano alzada sobre una hoja de papel vegetal o bien píntelos con un bolígrafo negro en otra hoja y deslícela debajo de la primera antes de repasarla con el chocolate. Rellene las siluetas con garabatos de chocolate o cúbralas del todo.

Chocolate de colores

El chocolate blanco derretido puede teñirse con unas gotas de colorante alimentario líquido y queda muy vistoso sobre una capa de chocolate negro.

Adornos de azúcar

La alcorza puede dejarse blanca o teñirse con colorantes alimentarios en pasta o gel antes de modelarla. Evite los colorantes líquidos, ya que la alcorza quedaría pegajosa y le costaría trabajarla. Encontrará colorantes en pasta y gel de todos los colores en establecimientos especializados. Aplique el colorante en el extremo de un palillo y utilícelo con mesura. Incorpórelo a la alcorza, extiéndala en una lámina fina y córtela en forma de estrellas, hojas de acebo, copos de nieve, corazones o flores con un cortapastas. (Con un cortapastas en forma de margarita obtendrá una flor con todos sus pétalos). Deje secar los adornos a temperatura ambiente en una bandeja forrada con papel vegetal y guárdelos en una bolsa pequeña de plástico, separadas con papel, 2 meses como máximo. También puede comprar flores de azúcar, purpurina comestible, fideos de azúcar o adornos de distintas formas en establecimientos especializados.

Flores naturales

Las flores más pequeñas del jardín pueden poner el toque final ideal a la repostería en miniatura, aunque primero deberá asegurarse de que son comestibles. Elija desde violetas o pensamientos de varios colores y pétalos de borraja, rosas de pitiminí o hierbas hasta hojitas de menta. Pinte los pétalos o las hojas con un poco de clara de huevo batida, espolvoréelos con azúcar y déjelos secar 1 hora en una bandeja forrada con papel vegetal. Utilícelos enseguida.

Virutas de piel de cítricos

Pele limones, naranjas o limas con un raspador (un pequeño utensilio metálico con unas muescas en el extremo de la hoja). Espolvoree las virutas con un poco de azúcar y adorne con ellas *mousses* y helados. Si desea obtener virutas más grandes en forma de tirabuzón, corte la piel en tiras algo más grandes con un pelapatatas y enróllelas en un palillo. Déjelas reposar 1 minuto, sepárelas del palillo y adorne el borde del plato o el vaso con el tirabuzón.

Láminas de caramelo

Esparza el caramelo recién hecho sobre papel vegetal y deje que se enfríe y se endurezca. Cuando vaya a servirlo, trocéelo o píquelo. Puede añadirle frutos secos picados o laminados antes de que se solidifique.

Repostería tradicional

Tortitas de arándanos con jarabe de arce

Para:	30 unidades
Preparación:	20 minutos
Cocción:	10-15 minutos

Estas tortitas de bocado para todas las edades se preparan en unos minutos, aunque ya puede darse prisa en hacer más porque volarán.

175 g de harina

1 cucharadita de levadura en polvo

½ cucharadita de bicarbonato

1 cucharada de azúcar

2 huevos, con las yemas y las claras separadas

la ralladura fina de 1 limón y el zumo (jugo) de ½ limón

250 ml de leche

115 g de arándanos

un poco de aceite de girasol, para freír

jarabe de arce, para servir

nata (crema) fresca espesa, para servir (opcional)

1. Ponga la harina, la levadura y el bicarbonato en un bol e incorpore el azúcar. En un bol bien limpio, monte las claras a punto de nieve.

2. Añada las yemas y la ralladura y el zumo de limón a la harina y, después, vierta la leche poco a poco mientras remueve hasta obtener una pasta. Incorpore una cucharada colmada de las claras montadas y, después, añada el resto. Eche los arándanos y mézclelos con suavidad con la pasta.

3. Vierta un poco de aceite en una sartén grande y póngala a fuego medio. Cuando el aceite esté caliente, deje caer, de forma espaciada, cucharadas colmadas de la pasta en la sartén. Fríalas 2 o 3 minutos, hasta que se formen burbujas en la superficie y se doren por la base. Deles la vuelta y fríalas un par de minutos más, hasta que se doren.

4. Retire las tortitas de la sartén con una espumadera y resérvelas calientes envueltas en un paño de cocina limpio. Fría las tortitas restantes en tandas de 10, añadiendo más aceite, si fuera necesario.

5. Reparta las tortitas entre 4 platos de postre. Rocíelas con un poco de jarabe de arce y sirva un poco más en una jarrita. Si lo desea, nape las tortitas con cucharaditas de nata fresca espesa.

Pastelitos de almendra y cereza

Para:	18 unidades
Preparación:	25 minutos
Cocción:	12-15 minutos

Prepare los pastelitos en temporada de cerezas, o haga un poco de trampa y cómprelas en conserva y escúrralas bien. Sírvalos recién sacados del horno, si lo prefiere con un bol de nata fresca para acompañar.

55 g de mantequilla ablandada, y un poco más para untar

55 g de azúcar

55 g de harina con levadura

25 g de almendra molida

1 huevo

unas gotas de esencia de almendra

18 cerezas frescas deshuesadas (descarozadas) o en conserva

25 g de almendra fileteada

azúcar glas (impalpable) tamizado, para espolvorear

nata (crema) fresca espesa, para acompañar (opcional)

1. Precaliente el horno a 180 °C. Unte con un poco de mantequilla un molde múltiple para 18 minimagdalenas.

2. Ponga en un bol la mantequilla, el azúcar, la harina y la almendra, y remueva. Añada el huevo y la esencia de almendra y bátalo un poco con una cuchara de madera hasta obtener una pasta.

3. Reparta la pasta entre los moldes y, con suavidad, presione una cereza en el centro de cada pastelito. Esparza la almendra fileteada por encima. Cueza los pastelitos en el horno precalentado de 12 a 15 minutos, o hasta que suban y se noten consistentes al tacto.

4. Déjelos reposar 5 minutos, desmóldelos con un cuchillo romo y déjelos entibiar sobre una rejilla metálica. Sírvalos templados, espolvoreados con azúcar glas y, si lo desea, adornados con unas cucharadas de nata fresca.

Compota de fruta con cobertura crujiente

Para: 8 unidades
Preparación: 20 minutos
Cocción: 20 minutos

Con este postre siempre quedará bien. Si lo desea, prepare el doble de cobertura y congélela para otra ocasión sin necesidad de descongelarla previamente.

450 g de ciruelas rojas por la mitad, sin hueso (carozo) y en dados

115 g de frambuesas

25 g de azúcar mascabado

3 cucharadas de agua

natillas preparadas, para servir

COBERTURA

85 g de harina

20 g de copos de avena

20 g de copos de cebada

40 g de azúcar mascabado

40 g de mantequilla fría y en dados

1. Precaliente el horno a 180 °C. Ponga las ciruelas, las frambuesas, 25 g del azúcar y el agua en una cazuela de base gruesa. Tape la cazuela y cuézalo a fuego bajo 5 minutos, o hasta que la fruta se ablande.

2. Para preparar la cobertura, ponga en un bol la harina, los copos y el azúcar y remueva. Incorpore la mantequilla con los dedos hasta que la pasta adquiera la textura del pan rallado.

3. Reparta la compota de fruta entre 8 flaneras de 150 ml de capacidad y colóquelas en la bandeja del horno. Esparza la cobertura por encima.

4. Cuézalo en el horno 15 minutos, o hasta que se dore. Déjelo enfriar de 5 a 10 minutos y sírvalo con unas cucharadas de natillas por encima.

Buñuelos de manzana y canela con compota de moras

Para:	30 unidades
Preparación:	30 minutos
Cocción:	20-35 minutos

Un postre de toda la vida que se prepara con ingredientes que nunca faltan en la despensa. Si guarda moras en el congelador, aprovéchelas para preparar la compota. O, si lo prefiere, sustitúyalas por cualquier otra variedad de frutas del bosque congeladas, como frambuesas o grosellas negras.

8 manzanas pequeñas

150 g de moras

125 ml de agua

6 cucharadas de azúcar

150 g de harina

1 pizca generosa de canela molida

1 huevo, con la yema y la clara separadas

150 ml de leche

1 litro de aceite de girasol

1. Para preparar la compota, parta 2 manzanas en cuartos, retíreles el corazón, pélelas, córtelas en dados y póngalas en una cazuela de base gruesa. Añada las moras, el agua y 1 cucharada del azúcar. Tape la cazuela y déjelo a fuego lento de 5 a 10 minutos, o hasta que la fruta se ablande. Triture la compota con la batidora manual y pásela por un colador sobre un bol para separar las pepitas. Cúbrala con film transparente y resérvela.

2. Pele las manzanas restantes, retíreles el corazón, córtelas en rodajas y métalas en una bolsa de plástico con 40 g de la harina. Cierre la bolsa herméticamente y sacúdala para rebozar la manzana.

3. Ponga la harina restante en un bol. Añada 1 cucharada del azúcar, la canela y la yema de huevo, y mézclelo. Incorpore poco a poco la leche hasta obtener una pasta.

4. En un bol bien limpio, monte la clara a punto de nieve. Incorpórela con suavidad a la pasta.

5. Vierta el aceite en una sartén, evitando llenarla más de la mitad. Caliéntelo a 160 °C, o hasta que al sumergir un poco de pasta en el aceite, esta burbujee. Ponga un trozo de papel de cocina en un plato.

6. Sacuda las rodajas de manzana rebozada para que se desprenda la harina que no se haya adherido, páselas por la pasta y retírelas con 2 tenedores. Escurra el exceso de pasta y, con cuidado, fría los buñuelos por tandas en el aceite caliente 2 o 3 minutos, o hasta que se doren. Retírelos con una espumadera, póngalos en el plato con papel de cocina y déjelos escurrir.

7. Espolvoree los buñuelos con el azúcar restante y sírvalos con la compota de moras para acompañar.

Bocaditos de nubes de azúcar

Para:	18 unidades
Preparación:	25 minutos
Cocción:	12-15 minutos

Este postre típico de Estados Unidos y Canadá suele improvisarse junto a la hoguera cuando se va de excursión. En este caso los bocaditos se preparan con galletas caseras de mantequilla rellenas de nubes de azúcar y bañadas de chocolate derretido.

un poco de aceite de girasol, para untar

175 g de harina integral, y un poco más para espolvorear

2 cucharaditas de levadura en polvo

55 g de copos de avena

55 g de azúcar

150 g de mantequilla fría y en dados

2 yemas de huevo

200 g de chocolate negro partido en 18 trozos

18 nubes de azúcar

1. Precaliente el horno a 180 °C. Unte 2 bandejas del horno con un poco de aceite.

2. Ponga en un bol la harina, la levadura, los copos de avena y el azúcar, y remueva. Incorpore la mantequilla con los dedos hasta obtener una pasta con la textura del pan rallado. Incorpore las yemas de huevo y trabaje la masa para darle forma de una bola.

3. Espolvoree la encimera con un poco de harina. Trabaje un poco la masa y extiéndala con el rodillo en una lámina fina. Córtela en redondeles de 6 cm de diámetro con un cortapastas y coloque las galletas en las bandejas. Junte la pasta que sobre, forme una bola y extiéndala de nuevo para hacer más galletas. Repita la operación hasta terminar la masa.

4. Cueza las galletas en el horno de 12 a 15 minutos, o hasta que se doren, y déjelas enfriar un poco.

5. Reparta el chocolate entre la mitad de las galletas calientes y las nubes de azúcar entre las restantes. Déjelo reposar un par de minutos, o hasta que el chocolate comience a derretirse, y, después, junte las galletas de dos en dos de modo que las nubes queden en el centro y el chocolate, arriba. Sirva los bocaditos templados o fríos.

Suflés calientes de naranja con salsa de chocolate y naranja

Para: 12 unidades
Preparación: 25 minutos
Cocción: 20-25 minutos

Los suflés siempre aportan un toque teatral a las comidas, ya que con la misma facilidad con que se hinchan en el horno, se deshinchan al sacarlos. Compruebe que sus invitados están sentados a la mesa, espolvoree los suflés rápidamente con azúcar glas, sírvalos y prepárese para la sorpresa.

---

25 g de mantequilla, para untar

115 g de azúcar, y 2 cucharadas para espolvorear

3 huevos grandes, con las yemas y las claras separadas, y 1 clara adicional

40 g de harina

225 ml de leche

la ralladura de 1 naranja grande

5 cucharadas de zumo (jugo) de naranja, o 3 cucharadas de zumo (jugo) de naranja y 2 cucharadas de Cointreau

1 pizca generosa de canela molida

azúcar glas (impalpable) tamizado, para espolvorear

SALSA

150 g de chocolate negro troceado

4 cucharadas de zumo (jugo) de naranja

2 cucharadas de azúcar

---

1. Unte con la mantequilla 12 tazas de café refractarias, de boca ancha y 125 ml de capacidad. Espolvoréelas con las 2 cucharadas de azúcar e inclínelas para que queden bien cubiertas. Resérvelas en la bandeja del horno.

2. Ponga en un bol la mitad del azúcar y las yemas de huevo, y bátalo durante 2 minutos con las varillas eléctricas hasta obtener una crema espesa y blanquecina. Tamice la harina por encima y remueva hasta obtener una pasta.

3. Caliente la leche en una cazuela mediana de base gruesa y, cuando esté a punto de hervir, incorpórela poco a poco a la pasta. Devuélvala a la cazuela y cuézala a fuego bajo, batiendo con suavidad, hasta que se espese y esté homogénea.

4. Aparte la cazuela del fuego e incorpore la ralladura y el zumo de naranja, el Cointreau, si lo desea, y la canela. Tápelo y déjelo enfriar.

5. Precaliente el horno a 190 °C. En un bol bien limpio, monte todas las claras a punto de nieve. Añada el azúcar restante a cucharaditas sin dejar de batir. Incorpore las claras montadas a la pasta enfriada y repártala entre las tazas hasta llenarlas unas tres cuartas partes. Cueza los suflés en el horno de 15 a 20 minutos, o hasta que suban, se doren por arriba y cuajen casi del todo por el centro.

6. Mientras tanto, para preparar la salsa, ponga el chocolate, el zumo de naranja y el azúcar en un bol refractario encajado en la boca de un cazo con agua hirviendo a fuego suave, sin que llegue a tocarla, y espere a que se derrita, removiendo de vez en cuando. Páselo a una salsera.

7. Sirva los suflés enseguida con la taza en platitos, espolvoreados con azúcar glas tamizado y adornados con la salsa de chocolate caliente.

Yogur con guirlache de muesli y compota de arándanos

Para:	10 unidades
Preparación:	20 minutos
Cocción:	13-15 minutos

La acidez de la compota de arándanos, la cremosidad del yogur griego y el punto crujiente del guirlache de muesli conforman un postre ideal para una comida festiva. Prepare un poco más de guirlache de muesli y sírvalo como tentempié.

un poco de aceite de girasol, para untar

2 cucharadas de semillas de sésamo

2 cucharadas de pipas (semillas) de calabaza

25 g de copos de avena

25 g de almendra fileteada

40 g de mantequilla

2 cucharada de miel fluida

2 cucharadas de azúcar mascabado

250 g de yogur griego con sabor a miel

COMPOTA DE ARÁNDANOS

2 cucharaditas de maicena

85 g de azúcar mascabado

el zumo (jugo) de 1 naranja grande

200 g de arándanos rojos congelados

1. Precaliente el horno a 180 °C. Unte con aceite la bandeja del horno.

2. Ponga en un bol el sésamo, las pipas, la avena y la almendra, y mézclelo con los dedos. Caliente a fuego bajo la mantequilla, la miel y el azúcar en un cazo de base gruesa hasta que la mantequilla se derrita y el azúcar se disuelva. Aparte el cazo del fuego e incorpore la avena mezclada con los demás ingredientes. Páselo a la bandeja y extiéndalo en una capa fina y uniforme. Tuéstelo en el horno de 8 a 10 minutos, removiéndolo hacia la mitad de la cocción para que el guirlache se dore uniformemente. Déjelo enfriar en la bandeja.

3. Para preparar la compota de arándanos, ponga la maicena, el azúcar y el zumo de naranja en un cazo de base gruesa y cuézalo a fuego medio, removiendo, hasta que esté homogéneo. Añada los arándanos congelados y prosiga con la cocción, sin tapar, 5 minutos más, removiendo, hasta que se ablanden y el jugo comience a espesarse. Deje enfriar la compota.

4. Desmenuce la mitad del guirlache con los dedos y parta el restante en tiras. Reparta una capa de guirlache desmenuzado entre 10 vasos de chupito, añada otra de yogur y, por último, una de compota de arándanos. Repita las capas por este orden, terminando con una de compota, y adorne los vasitos con las tiras de guirlache. Si sobrara guirlache, sírvalo aparte.

Coulants de chocolate con salsa de caramelo

Para:	10 unidades
Preparación:	25 minutos
Refrigeración:	1 hora o toda la noche
Cocción:	17-20 minutos

Este postre no puede faltar en ningún restaurante. Es sorprendentemente fácil de hacer y puede prepararse con antelación y refrigerarse hasta 24 horas. El secreto es ceñirse al tiempo de cocción y probar uno antes de llevarlos a la mesa. Deben quedar crujientes por arriba, pero tiernos y esponjosos por dentro.

150 g de mantequilla

4 cucharaditas de cacao en polvo

150 g de chocolate negro troceado

2 huevos enteros, y 2 yemas más

125 g de azúcar

25 g de harina

azúcar glas (impalpable) tamizado, para espolvorear

SALSA DE CARAMELO

55 g de mantequilla sin sal

55 g de azúcar mascabado

1 cucharada de miel fluida

150 ml de nata (crema) extragrasa

1. Derrita 25 g de la mantequilla en un cazo y pinte con ella 10 moldes refractarios de 125 ml de capacidad. Tamice un poco de cacao sobre cada uno, inclínelos para cubrir uniformemente la base y las paredes y sacúdalos boca abajo para que caiga el que no se haya adherido.

2. Ponga el chocolate y la mantequilla restante en un bol refractario, encájelo en la boca de un cazo con agua hirviendo a fuego suave, sin que llegue a tocarla, y espere a que se derrita, removiendo de vez en cuando.

3. Bata en un bol los huevos, las yemas y el azúcar hasta obtener una crema espesa y espumosa que al levantar las varillas caiga en un hilo. Tamice la harina por encima e incorpórela con cuidado.

4. Incorpore el chocolate derretido a la crema de huevo. Repártalo entre los moldes, tápelos y refrigérelos 1 hora, o toda la noche si el tiempo lo permite.

5. Para preparar la salsa de caramelo, ponga la mantequilla, el azúcar y la miel en un cazo de base gruesa y caliéntelo a fuego bajo 3 o 4 minutos, o hasta que la mantequilla se derrita y el azúcar se disuelva. A continuación, hiérvalo un par de minutos, hasta que empiece a oler a caramelo y se espese. Apártelo del fuego e incorpore la nata.

6. Precaliente el horno a 180 °C. Saque los moldes del frigorífico y déjelos 10 minutos a temperatura ambiente. Cueza los *coulants* en el horno precalentado de 10 a 12 minutos, o hasta que suban, estén crujientes por arriba y tiernos por el centro. Si fuera necesario, recaliente la salsa a fuego bajo.

7. Espolvoree los *coulants* con azúcar glas tamizado. Sírvalos con la salsa en una jarrita para que los comensales los rocíen a su gusto.

Repostería sofisticada

Merengues con fresa y frambuesa

Para: 20 unidades
Preparación: 25 minutos
Cocción: 25-30 minutos

Mime a sus invitados con estos merengues que hacen la boca agua. Puede prepararlos con antelación y guardarlos varios días en un recipiente hermético. Cuando vaya a servirlos solo tendrá que preparar la cobertura.

2 claras de huevo

115 g de azúcar

½ cucharadita de maicena

½ cucharadita de vinagre de vino blanco

COBERTURA

300 ml de nata (crema) extragrasa

la ralladura fina y el zumo (jugo) de 1 lima (limón)

3 cucharadas de mermelada de fresa (frutilla)

200 g de frambuesas

200 g de fresas (frutillas) pequeñas sin el rabillo y laminadas

1. Precaliente el horno a 140 °C. Forre la bandeja del horno con papel vegetal.

2. En un bol bien limpio, monte las claras a punto de nieve. Añada el azúcar a cucharadas sin dejar de batir. Cuando haya incorporado todo el azúcar, siga batiendo un par de minutos más, hasta que las claras estén espesas y satinadas.

3. Mezcle la maicena con el vinagre en un cuenco hasta obtener una pasta e incorpórela a las claras. Disponga 20 montoncitos en la bandeja, de forma espaciada. Extienda los montoncitos en redondeles de 5 cm de diámetro y húndalos un poco por el centro con el dorso de una cucharilla.

4. Cuézalo en el horno precalentado de 25 a 30 minutos, o hasta que los merengues empiecen a tomar color y se desprendan fácilmente del papel. Si se pegaran, déjelos en el horno unos minutos más y vuelva a hacer la prueba. Déjelos enfriar sin despegarlos del papel.

5. Para preparar la cobertura, bata la nata en un bol grande hasta que forme suaves remolinos y agréguele la ralladura de lima. Ponga una cucharada de nata sobre cada merengue y páselos a una fuente de servicio.

6. Caliente en un cazo a fuego bajo la mermelada de fresa con el zumo de lima hasta que comience a derretirse. Incorpore las frambuesas y las fresas y déjelo enfriar un poco. Nape los merengues con la cobertura y sírvalos.

Gelatina de fresa y vino rosado

Para: 8 unidades
Preparación: 20 minutos
Cocción: 5 minutos
Refrigeración: 4 horas

Un bonito final para una celebración estival. Si tiene rosas en el jardín, pruebe a adornar la nata con pétalos pequeños en lugar de ralladura de limón.

150 g de fresas (frutillas) pequeñas sin el rabillo y laminadas

1½ cucharadas de azúcar

3 cucharadas de agua

2 cucharaditas de gelatina en polvo

200 ml de vino rosado

COBERTURA

1½ cucharadas de azúcar

2 cucharadas de vino rosado

la ralladura fina de 1 limón

150 ml de nata (crema) extragrasa

1. Ponga las fresas y el azúcar en un bol y mézclelo con una cuchara metálica.

2. Ponga el agua en un cuenco refractario y esparza la gelatina por encima de modo que se absorba bien. Déjela 5 minutos en remojo. Encaje el cuenco en la boca de un cazo con agua hirviendo a fuego suave unos 5 minutos, removiendo de vez en cuando, hasta que la gelatina esté transparente (véase la página 7).

3. Reparta las fresas azucaradas entre 8 copas de champán anchas o de cóctel. Vierta el vino en una jarra medidora, incorpore la gelatina y, después, repártalo entre las copas. Tápelo y refrigérelo 4 horas, o hasta que la gelatina cuaje.

4. Para preparar la cobertura, ponga en un cuenco el azúcar, el vino y la mitad de la ralladura de limón, y remueva. Bata la nata en un bol hasta que forme suaves remolinos. Vierta el vino condimentado y bátalo un poco, hasta que la nata vuelva a adquirir consistencia. Reparta la nata entre las copas de gelatina y adórnela con la ralladura de limón restante.

Tartaletas veteadas de nata y frambuesa

Para:	12 unidades
Preparación:	30 minutos
Cocción:	5 minutos
Refrigeración:	3 horas

Los moldes de silicona transforman este exquisito postre en un juego de niños. El efecto veteado es fácil de hacer y queda espectacular.

55 g de mantequilla

115 g de galletas digestivas o integrales machacadas

3 cucharadas de agua

2 cucharaditas de gelatina en polvo

150 g de frambuesas, y 24 para adornar

150 ml de nata (crema) extragrasa

150 ml de natillas

¼ de cucharadita de esencia de vainilla

1. Derrita la mantequilla en un cazo e incorpore las galletas desmenuzadas. Reparta la pasta entre un molde múltiple de silicona para 12 magdalenas con una base de 4 cm de diámetro. Presione bien la pasta con el dorso de una cucharilla y refrigere el molde.

2. Ponga el agua en un cuenco refractario y esparza la gelatina por encima de modo que se absorba bien. Déjela 5 minutos en remojo. Mientras tanto, triture las frambuesas en la batidora y páselas por un colador sobre un bol para separar las pepitas. Encaje el cuenco con la gelatina en la boca de un cazo con agua hirviendo a fuego suave unos 5 minutos, removiendo de vez en cuando, hasta que la gelatina esté transparente (véase la página 7).

3. Bata la nata en un bol hasta que forme suaves remolinos. Añada las natillas y la vainilla y remueva. Incorpore 1½ cucharadas de la gelatina al puré de frambuesa y la restante, a la nata. Reparta la nata entre los moldes, alísela con el dorso de una cucharilla y cúbrala con el puré de frambuesa. Mezcle ambos ingredientes con el mango de una cucharilla para obtener un efecto veteado. Tápelo y refrigérelo 3 horas, o hasta que cuaje.

4. Para servir las tartaletas, pase un cuchillo romo alrededor del molde y desmóldelas presionando la base del molde de silicona. Adórnelas con 2 frambuesas cada una.

Repostería sofisticada

Crema de limón con compota de arándanos

Para: 10 unidades
Preparación: 15 minutos
Cocción: 5 minutos
Refrigeración: 1-2 horas

Si desea preparar un postre en un santiamén, he aquí la solución. Estará listo en 20 minutos y puede refrigerarse hasta que vaya a servirlo.

300 ml de nata (crema) extragrasa

90 g de azúcar

la ralladura fina y el zumo (jugo) de 1 limón, y la ralladura de 1 limón más para adornar

1 cucharadita de maicena

4 cucharadas de agua

250 g de arándanos

1. Caliente a fuego bajo la nata y 75 g del azúcar en un cazo de base gruesa, removiendo, hasta que el azúcar se disuelva. Suba el fuego, llévelo a ebullición y hiérvalo 1 minuto sin dejar de remover.

2. Aparte el cazo del fuego, añada la mitad de la ralladura y todo el zumo de limón y remueva sin cesar 1 minuto, hasta que la crema comience a espesarse un poco. Repártala entre 10 vasos de chupito y deje que se enfríe.

3. Ponga el azúcar y la ralladura de limón restantes en un cazo de base gruesa, eche la maicena e incorpore poco a poco el agua hasta que se espese. Agregue la mitad de los arándanos y cuézalo a fuego medio, removiendo, 3 o 4 minutos, hasta que comiencen a ablandarse y la salsa se espese.

4. Aparte la compota del fuego, incorpore los arándanos restantes y déjelo enfriar. Tape los vasos y la compota de arándanos con film transparente y refrigérelo todo un par de horas, hasta que cuaje.

5. Cuando vaya a servir el postre, remueva la compota, repártala sobre la crema de limón y adórnelo con la ralladura de limón.

Bocaditos de tarta de queso con chocolate blanco y fresas

Para: 40 unidades
Preparación: 30 minutos
Cocción: 45-50 minutos
Refrigeración: toda la noche

El postre típico de Estados Unidos sabe mejor si se deja reposar la noche anterior.

BIZCOCHO

55 g de mantequilla ablandada

55 g de azúcar

55 g de harina con levadura

1 huevo

TARTA DE QUESO

200 g de chocolate blanco troceado

600 g de queso cremoso

85 g de azúcar

1 cucharadita de esencia de vainilla

200 ml de nata (crema) extragrasa

4 huevos

COBERTURA

250 ml de nata (crema) fresca espesa

10 fresas (frutillas) sin el rabillo y en cuartos

55 g de chocolate blanco cortado en virutas con un pelapatatas

1. Precaliente el horno a 180 °C. Forre bien un molde desmontable de 30 x 20 x 5 cm con papel vegetal y hágale unos cortes al bies en los extremos. Encájelo en el molde de modo que la base y los lados queden bien forrados.

2. Ponga los ingredientes del bizcocho en un bol y bátalos con una cuchara de madera hasta obtener una pasta. Pásela al molde y extiéndala en una capa uniforme con una espátula. Cueza el bizcocho en el horno precalentado de 10 a 12 minutos, o hasta que se dore y adquiera consistencia. Sáquelo del horno y deje que se enfríe. Baje la temperatura del horno a 150 °C.

3. Para preparar la tarta de queso, ponga el chocolate en un bol refractario, encájelo en la boca de un cazo con agua hirviendo a fuego suave, sin que llegue a tocarla, y espere a que se derrita. Remueva un poco y déjelo enfriar. Mientras tanto, bata el queso con el azúcar y la vainilla en un bol con unas varillas eléctricas, solo hasta que la crema empiece a homogeneizarse. Añada la nata poco a poco sin dejar de batir, hasta que vuelva a tomar cuerpo. Incorpore los huevos de uno en uno, esperando que la crema se ligue antes de añadir el siguiente. Agregue el chocolate derretido y remueva con suavidad.

4. Extienda la crema de queso sobre la pasta de bizcocho del molde de modo que quede en una capa uniforme. Cueza la tarta en el horno precalentado de 30 a 35 minutos, o hasta que se desmenuce un poco por los bordes y esté algo tierna por el centro. Apague el horno, deje la puerta entornada y deje enfriar la tarta.

5. Tape la tarta de queso y refrigérela toda la noche. Cuando vaya a servirla, desmóldela, sepárela del papel y córtela en 40 cuadrados. Pase los bocaditos a una fuente de servicio y adórnelos con un poco de nata. Añada un cuarto de fresa a cada uno y esparza las virutas de chocolate blanco por encima.

Albaricoques rellenos de chocolate y merengue

Para: 12 unidades
Preparación: 20 minutos
Cocción: 10-13 minutos

Rápido y fácil de preparar, este postre quedará muy vistoso si lo sirve en una fuente bonita. Si no es temporada de albaricoques, sustitúyalos por ciruelas partidas por la mitad.

6 albaricoques (damascos) partidos por la mitad y deshuesados (descarozados)

el zumo (jugo) de ½ naranja pequeña

1 clara de huevo

2 cucharadas de azúcar

40 g de chocolate negro en 12 trozos

1. Precaliente el horno a 180 °C.

2. Coloque los albaricoques, con la parte cortada hacia arriba, en la bandeja del horno. Rocíelos con el zumo de naranja. Luego, áselos en el horno de 5 a 8 minutos.

3. Mientras tanto, monte la clara a punto de nieve en un bol limpio. Añada el azúcar a cucharadas sin dejar de batir. Cuando haya incorporado todo el azúcar, siga batiendo un par de minutos más, hasta que el merengue esté espeso y satinado.

4. Introduzca el merengue en la manga pastelera con boquilla mediana de estrella. Ponga un trozo de chocolate en el hueco de cada albaricoque.

5. Si los albaricoques se tambalearan, péguelos a la bandeja con un poco de clara montada. Reparta una roseta de merengue sobre cada albaricoque. Cuézalo en el horno precalentado 5 minutos, o hasta que el merengue empiece a estar hecho y se dore. Déjelo enfriar unos minutos y páselo a una fuente de servicio.

Crema quemada con arándanos

Para:	12 unidades
Preparación:	20 minutos
Cocción:	15 minutos
Refrigeración:	3-4 horas

Este es un postre ideal para los más golosos.
Será muy difícil no caer en la tentación y repetir.

125 g de arándanos

4 yemas de huevo

1 cucharadita de esencia de vainilla

100 g de azúcar

300 ml de nata (crema) extragrasa

1. Precaliente el horno a 160 °C. Ponga 12 moldes refractarios individuales de 50 ml de capacidad en una fuente alta refractaria y reparta los arándanos entre ellos.

2. Ponga en un bol las yemas de huevo, la vainilla y 40 g del azúcar, y bátalo con un tenedor hasta obtener una crema homogénea. Vierta la nata en un cazo, llévela a ebullición e incorpórela poco a poco a la crema. Pásela por un colador sobre el mismo cazo antes de devolverla a la jarrita.

3. Reparta la crema entre los moldes con los arándanos. Vierta agua caliente en la fuente hasta la mitad de la altura de los moldes. Cueza la crema al baño María en el horno precalentado 15 minutos, o hasta que empiece a cuajar pero esté blanda por el centro.

4. Déjala enfriar de 5 a 10 minutos, retire los moldes del agua y refrigérelos 3 o 4 horas.

5. Cuando vaya a servirlo, esparza el azúcar restante sobre la crema en una capa uniforme y quémelo con el hierro de quemar, el soplete o bajo el gratinador.

Pastel frío de chocolate y jengibre

Para: 36 unidades
Preparación: 25 minutos
Cocción: 6-7 minutos
Refrigeración: 3-4 horas

Este postre que no precisa cocción es la solución para aquellos momentos en que uno daría lo que fuera por comer algo rico de chocolate. Toda la riqueza y el sabor de este ingrediente se aromatizan con jengibre, creando un magnífico contraste con el punto crujiente de las galletas.

55 g de avellanas

200 g de chocolate negro troceado

100 g de mantequilla

400 g de leche condensada

225 g de galletas digestivas o integrales machacadas

150 g de orejones de albaricoque (damasco) en dados

55 g de jengibre en almíbar escurrido y picado

55 g de chocolate con leche troceado

1. Forre con papel vegetal un molde poco hondo de 20 cm y hágale unos cortes al bies en los extremos. Encájelo bien en el molde de modo que la base y los lados queden bien cubiertos. Precaliente el gratinador a temperatura media. Ponga las avellanas en la bandeja del horno y tuéstelas bajo el gratinador 3 o 4 minutos, hasta que se doren, removiéndolas hacia la mitad de la cocción.

2. Caliente a fuego muy bajo el chocolate negro, la mantequilla y la leche condensada en un cazo de base gruesa, sin dejar de remover, hasta que el chocolate y la mantequilla se derritan. Reserve 150 g del chocolate derretido en un bol y cúbralo con film transparente.

3. Añada al chocolate restante las avellanas tostadas, las galletas, los orejones y el jengibre, y mézclelo bien. Pase la pasta al molde y alísela con una espátula.

4. Vierta por encima el chocolate reservado de modo que lo cubra uniformemente y refrigérelo 3 horas, o hasta que cuaje.

5. Ponga el chocolate con leche en un bol refractario, encájelo en la boca de un cazo con agua hirviendo a fuego bajo, sin que llegue a tocarla, espere a que se derrita y remuévalo. Introdúzcalo en una manga pastelera de papel, córtele la punta y dibuje unos remolinos por encima del pastel (véase la página 8). Refrigere el pastel 15 minutos, desmóldelo, sepárelo del papel y córtelo en 36 cuadrados.

Repostería sofisticada

Repostería para ocasiones especiales

Corazones de chocolate con fresas

Para: 20 unidades
Preparación: 40 minutos
Cocción: 25-30 minutos

Demuestre a sus invitados lo mucho que les quiere con estos refinados pastelitos de chocolate negro con fresas a la menta adornados con crema de chocolate. Si no dispone de un cortapastas en forma de corazón, utilice uno redondo.

85 g de cacao en polvo

250 ml de agua hirviendo

115 g de mantequilla ablandada

250 g de azúcar mascabado

2 huevos batidos

200 g de harina

1 cucharadita de levadura en polvo

RELLENO

150 ml de nata (crema) extragrasa

115 g de fresas (frutillas) sin el rabillo y picadas

1 cucharada de menta picada

1 cucharada de azúcar

COBERTURA

150 ml de nata (crema) extragrasa

150 g de chocolate negro troceado

1. Precaliente el horno a 180 °C. Forre un molde cuadrado hondo y desmontable de 25 cm con papel vegetal y hágale unos cortes al bies en los extremos. Encájelo bien en el molde de modo que la base y los lados queden bien cubiertos.

2. Ponga el cacao en un bol refractario y vierta poco a poco el agua hirviendo hasta obtener una pasta. Déjelo enfriar.

3. En un bol, bata con las varillas eléctricas la mantequilla con el azúcar hasta que esté blanquecina y espumosa. Incorpore poco a poco los huevos y 1 cucharada de la harina hasta obtener una crema. Tamice la harina restante y la levadura por encima y remueva. A continuación, incorpore poco a poco la pasta de cacao enfriada.

4. Pase la pasta al molde y alísela con una espátula. Cueza el bizcocho en el horno de 25 a 30 minutos, o hasta que suba, se note consistente al tacto y, al pincharlo en el centro con un palillo, este salga limpio. Déjelo reposar 10 minutos y páselo a una rejilla metálica para que termine de enfriarse.

5. Separe el bizcocho del papel y, con un cortapastas en forma de corazón de 5 cm de diámetro, córtelo en 20 unidades. Pártalas por la mitad en sentido horizontal.

6. Para preparar el relleno, bata la nata en un bol hasta que forme suaves remolinos. Incorpore las fresas, la menta y el azúcar. Unte la mitad de los corazones de bizcocho con el relleno y cúbralos con los corazones restantes. Póngalos en una rejilla metálica.

7. Para preparar la cobertura, caliente la nata por debajo del punto de ebullición en un cazo de base gruesa. Aparte el cazo del fuego y agregue el chocolate. Espere 5 minutos y, después, remueva hasta obtener una crema homogénea y satinada. Déjela enfriar 15 minutos más, hasta que se espese, y extiéndala sobre los pastelitos. Deje cuajar la crema de chocolate y pase los pastelitos a una fuente de servicio.

Cucuruchos de helado de fresa a la menta

Para:	24 unidades
Preparación:	40 minutos
Cocción:	15-20 minutos
Congelación:	6 horas y 20 minutos

Estos graciosos cucuruchos triunfarán en las fiestas familiares. Guárdelos en el congelador y podrá improvisar una fantástica merienda para sus hijos y sus amigos cuando le apetezca.

CUCURUCHOS

55 g de mantequilla

2 claras de huevo

115 g de azúcar

unas gotas de esencia de vainilla

55 g de harina

HELADO

115 g de azúcar

6 cucharadas de agua

2 ramitas de menta

450 g de fresas (frutillas) sin el rabillo y laminadas, y algunas más para servir

3 cucharaditas de gelatina en polvo

150 ml de nata (crema) extragrasa

1. Precaliente el horno a 180 °C. Forre 3 bandejas de horno con papel vegetal. Necesitará 8 moldes metálicos para cucurucho o bien hacerlos en casa con cartón forrado de papel vegetal.

2. Para preparar los cucuruchos, derrita la mantequilla en un cazo. Monte las claras a punto de nieve en un bol grande y limpio hasta que espumen pero aún estén translúcidas. Incorpore el azúcar, la mantequilla derretida y, por último, la vainilla. Tamice la harina por encima y remueva. Disponga espaciadamente 4 o 5 cucharaditas de la pasta en una de las bandejas y extiéndalas en redondeles de 5 o 6 cm de diámetro. Cueza las obleas en el horno de 3 a 5 minutos, o hasta que empiecen a dorarse por los bordes.

3. Espere a que las obleas se endurezcan un poco, retírelas con una espátula y, enseguida, deles forma de cucurucho con los moldes. Déjelos reposar un par de minutos y desmóldelos. Repita la operación hasta terminar la pasta y deje enfriar todos los cucuruchos. Evite cocer demasiadas obleas a la vez, de lo contrario se endurecerían antes de que pudiera moldearlas.

4. Para preparar el helado, ponga el azúcar, 2 cucharadas del agua y la menta en una cazuela de base gruesa. Caliéntelo a fuego bajo, removiendo de vez en cuando, hasta que el azúcar se disuelva. Añada las fresas, suba un poco el fuego y cuézalo 3 minutos. Deseche la menta y triture las fresas con la batidora hasta obtener un puré. Cuele el puré sobre un molde cuadrado metálico.

5. Ponga el agua restante en un cuenco refractario y esparza la gelatina por encima de modo que se absorba bien. Déjela reposar 5 minutos. Encaje el cuenco en la boca de un cazo con agua hirviendo a fuego suave unos 5 minutos, removiendo de vez en cuando, hasta que la gelatina esté transparente (véase la página 7). Incorpore con suavidad la gelatina al puré de fresa, déjelo enfriar y congélelo 20 minutos.

6. Bata la nata en un bol hasta que forme suaves remolinos. Pase el puré de fresa congelado a un bol y bátalo unos minutos. Incorpore la nata. Ponga los cururuchos en unas tacitas y rellénelos con el helado. Congélelos 6 horas o toda la noche. Para servir el postre, disponga los cucuruchos en un recipiente en el que puedan quedar derechos y sírvalos adornados con fresas.

Mousse de triple chocolate

Para: 36 unidades
Preparación: 45 minutos
Cocción: 2 minutos
Refrigeración: toda la noche
Congelación: 45 minutos

Este elegante postre puede prepararse el día antes o incluso congelarse, y le resultará más fácil cortarlo antes de que se descongele del todo.

---

55 g de mantequilla

1 cucharada de cacao en polvo

150 g de galletas digestivas o integrales machacadas

virutas de chocolate con leche, para adornar

MOUSSE

4 cucharadas de agua

4 cucharaditas de gelatina en polvo

115 g de chocolate negro troceado

115 g de chocolate con leche troceado

115 g de chocolate blanco troceado

125 g de mantequilla

6 cucharadas de leche

6 huevos, con las yemas y las claras separadas

½ cucharadita de esencia de vainilla

350 ml de nata (crema) extragrasa

---

1. Forre un molde cuadrado hondo y desmontable de 20 cm con 2 tiras largas de film transparente en forma de cruz de modo que sobresalgan.

2. Derrita la mantequilla en un cazo e incorpore el cacao y las galletas. Páselo al molde, presionando bien, tápelo y refrigérelo.

3. Para preparar la *mousse*, ponga el agua en un cuenco refractario y esparza la gelatina por encima de modo que se absorba bien. Déjala reposar 5 minutos. Encaje el cuenco en la boca de un cazo con agua hirviendo a fuego suave unos 5 minutos, removiendo de vez en cuando, hasta que la gelatina esté transparente (véase la página 7).

4. Reparta los tres tipos de chocolate entre 3 cuencos refractarios distintos y eche un tercio de la mantequilla y 2 cucharadas de la leche en cada uno. Encaje cada cuenco en la boca de un cazo con agua hirviendo a fuego suave, sin que llegue a tocarla, y remueva hasta que el chocolate se derrita. Incorpore 2 yemas en cada uno y apártelos del calor.

5. Incorpore 4 cucharaditas de la gelatina diluida a cada cuenco. Añada la vainilla al chocolate blanco y mézclelo con suavidad. Bata la nata en un bol hasta que forme suaves remolinos. Incorpore un tercio de la nata en cada preparación. Monte las claras a punto de nieve en un bol grande y limpio y repártalas entre los cuencos, mezclándolo con suavidad.

6. Vierta la *mousse* de chocolate negro sobre la base de galleta del molde, extiéndala en una capa uniforme y congélelo 15 minutos. Extienda la capa de chocolate blanco por encima y congélelo 30 minutos. Si fuera necesario, bata el chocolate con leche y, después, repártalo sobre las otras capas. Refrigérelo toda la noche, o hasta que cuaje.

7. Cuando vaya a servirla, desmolde la *mousse* presionando por la base. Retire el film transparente. Corte la *mousse* en 6 tiras con el cuchillo humedecido y estas, a su vez, en 6 cuadraditos; vaya secando y humedeciendo el cuchillo para que los cortes sean limpios. Sirva los cuadraditos en platos individuales, adornados con virutas de chocolate con leche.

Mantecadas con crema y compota de frutos rojos

Para: 24 unidades
Preparación: 40 minutos
Cocción: 13-15 minutos

Prepare las mantecadas y la compota el día antes y monte el plato justo antes de servirlo. Si va a celebrar un nacimiento o un cumpleaños infantil, adorne las mantecadas con confeti o figuritas de azúcar de colores.

250 ml de nata (crema) fresca espesa

azúcar glas (impalpable) tamizado, para espolvorear

MANTECADAS

150 g de harina, y un poco más para espolvorear

25 g de maicena

55 g de azúcar, y un poco más para espolvorear

la ralladura fina de 1 limón

115 g de mantequilla refrigerada y en dados

COMPOTA

2 cucharaditas de maicena

55 g de azúcar

el zumo (jugo) de 1 limón

150 g de arándanos, y 12 para adornar

150 g de frambuesas, y 12 para adornar

1. Precaliente el horno a 160 °C.

2. Para preparar las mantecadas, ponga en un bol la harina, la maicena, el azúcar y la ralladura de limón, y remueva. Incorpore la mantequilla con los dedos hasta que la masa adquiera la textura del pan rallado. Moldee la masa con las manos y dele forma de bola. Espolvoree la encimera con un poco de harina.

3. Trabaje un poco la masa y divídala en dos. Extienda una porción en una lámina fina y reserve la otra. Córtela con un cortapastas en forma de flor o acanalada de 4,5 cm de diámetro y pase las mantecadas a una bandeja de horno antiadherente. Junte los recortes con la masa reservada, extiéndala y córtela del mismo modo y ponga las mantecadas en otra bandeja. Repita la operación hasta terminar la masa; debería obtener al menos 72 mantecadas. Espolvoréelas con azúcar y hornéelas de 8 a 10 minutos, o hasta que empiecen a tomar color. Déjelas enfriar en las bandejas.

4. Para preparar la compota, reparta la maicena, el azúcar y el zumo de limón a partes iguales entre 2 cazos de base gruesa. Eche los arándanos en uno y las frambuesas en el otro. Caliente ambos cazos a fuego bajo de 3 a 5 minutos, removiendo, hasta que la fruta se ablande y la salsa se espese. Deje que se enfríe y remueva.

5. Cuando vaya a servir el postre, reparta la nata a cucharaditas sobre 48 mantecadas. Reparta la compota de frambuesa entre la mitad (quizá deba deshacer las frambuesas antes), apile las mantecadas cubiertas de nata encima y, por último, reparta la compota de arándanos. Termine con una tercera mantecada y páselo a una fuente de servicio. Adorne la mitad de las mantecadas rellenas con una frambuesa y la otra mitad con un arándano, y espolvoréelas con azúcar glas tamizado.

granizado de mandarina

Para: 10 unidades
Preparación: 25 minutos
Cocción: 5 minutos
Congelación: 4 horas o toda la noche

Si va a servir el granizado solo a adultos, pruebe a añadirle un chorrito de Cointreau o Grand Marnier antes de congelarlo.

10 mandarinas

85 g de azúcar

4 cucharadas de agua

la ralladura fina y el zumo (jugo) de 1 limón

el zumo (jugo) de 1 naranja grande

1. Corte la parte superior de las mandarinas y resérvela. Exprima parte de las mandarinas en el vaso de la batidora. Retire la pulpa de las mandarinas con una cucharilla, échela en la batidora y tritúrela hasta obtener un puré.

2. Cuele el puré sobre un molde cuadrado metálico. Ponga los 10 cascarones de mandarina en una fuente refractaria y congélelos.

3. Ponga el azúcar y el agua en un cazo de base gruesa. Caliéntelo a fuego suave 5 minutos, o hasta que el azúcar se disuelva, inclinando el cazo para mezclarlo bien. Suba el fuego y hierva el almíbar 1 minuto sin remover. Apártelo del calor e incorpore la ralladura y el zumo de limón. Cuele el almíbar y el zumo de naranja sobre el puré de mandarina, remueva y deje que se enfríe.

4. Congélelo 2 horas, o hasta que el puré de mandarina empiece a endurecerse. Rompa los cristales de hielo batiéndolo con un tenedor y congélelo 1 hora. Bátalo de nuevo con el tenedor y congélelo 1 hora más. Repita la operación hasta que adquiera la textura de un granizado.

5. Rellene los cascarones de mandarina con el granizado, tápelos con la parte reservada de modo que quede algo inclinada y congélelo toda la noche. (Si el granizado se endureciera demasiado, déjelo ablandar unos minutos a temperatura ambiente y bátalo con un tenedor). Justo antes de servir el postre, ponga las mandarinas en una fuente.

Vasitos de crema de amaretti y arándanos rojos

Para:	10 unidades
Preparación:	30 minutos
Cocción:	5-8 minutos
Refrigeración:	1 hora

Un postre festivo fácil de hacer y una buena alternativa a los dulces típicos de Navidad. Los más pequeños lo pasarán en grande si le ayudan a hacer las estrellas.

85 g de azúcar

2 cucharaditas de maicena

1 pizca generosa de canela molida

1 pizca generosa de jengibre molido

125 ml de agua

200 g de arándanos rojos congelados

CREMA DE AMARETTI

150 g de queso cremoso

3 cucharadas de azúcar

200 ml de nata (crema) extragrasa

4 cucharaditas de zumo de naranja o Cointreau

55 g de galletas *amaretti* machacadas

ESTRELLAS DE AZÚCAR

azúcar glas (impalpable), para espolvorear

150 g de alcorza

1. Ponga el azúcar, la maicena, la canela y el jengibre en una cazuela de base gruesa y vierta el agua poco a poco hasta obtener una pasta. Añada los arándanos y cuézalo a fuego bajo de 5 a 8 minutos, removiendo de vez en cuando, hasta que se ablanden y la compota se espese. Tápelo y déjelo enfriar.

2. Para preparar la crema de *amaretti*, mezcle el queso y el azúcar en un bol e incorpore la nata poco a poco hasta que esté homogéneo. Incorpore el zumo de naranja y, después, las galletas. Introduzca la crema y la compota en sendas mangas pasteleras desechables de papel o plástico. Córteles las puntas.

3. Reparta la crema entre 10 vasos de chupito altos hasta llenarlos una cuarta parte. Reparta la mitad de la compota por encima y forme otras dos capas. Tápelo y refrigérelo 1 hora.

4. Para preparar las estrellas de azúcar, forre una bandeja con papel vegetal. Espolvoree la encimera con un poco de azúcar glas. Trabaje un poco la alcorza y extiéndala con el rodillo en una lámina fina. Córtela con cortapastas pequeños en forma de estrella de distintos tamaños, páselas a la bandeja y déjelas endurecer a temperatura ambiente 1 hora, o hasta que las necesite. Adorne los vasitos y los platos con las estrellas justo antes de servir el postre.

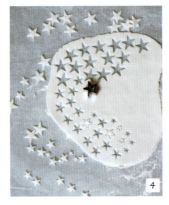

Delicias de chocolate y caramelo

Para:	12 unidades
Preparación:	30 minutos
Cocción:	7-8 minutos
Refrigeración:	2 horas

Si no tiene moldes individuales para magdalenas en casa, forre un molde múltiple para minimagdalenas con cuadrados de film transparente, úntelos con chocolate derretido y desmóldelos antes de servir el postre.

150 g de chocolate negro troceado

115 g de azúcar

4 cucharadas de agua

12 mitades de nuez

25 g de mantequilla

125 ml de nata (crema) extragrasa

1. Coloque moldes de papel de aluminio en un molde múltiple para 12 minimagdalenas. Forre la bandeja del horno con papel vegetal.

2. Ponga el chocolate en un bol refractario, encájelo en la boca de un cazo con agua hirviendo a fuego bajo, sin que llegue a tocarla, y espere a que se derrita. Eche una cucharada del chocolate derretido en cada hueco del molde y pinte bien las paredes con un pincel de repostería. Refrigérelo 30 minutos y pinte los huecos con una segunda capa de chocolate de modo que quede uniforme. Tape el molde y refrigérelo.

3. Ponga el azúcar y el agua en un cazo de base gruesa. Caliéntelo a fuego lento 5 minutos, o hasta que el azúcar se disuelva, inclinando el cazo para mezclarlo bien. Suba el fuego y hiérvalo sin remover 4 o 5 minutos, hasta que el caramelo esté bien dorado (véase la página 7). Aparte el cazo del fuego, añada las nueces, caramelícelas bien y retírelas con 2 tenedores. Disponga de forma espaciada las nueces caramelizadas en la bandeja forrada.

4. Eche la mantequilla en el cazo con el caramelo que haya sobrado, incline el cazo para mezclar los ingredientes e incorpore la nata poco a poco. Pase la crema a un bol, déjela enfriar, tápela con film transparente y refrigérela 1½ horas, o hasta que adquiera consistencia. Saque los moldes recubiertos de chocolate del frigorífico. Introduzca la crema de caramelo en una manga pastelera grande con boquilla de estrella y repártala en forma de remolinos entre los moldes de chocolate. Refrigérelo hasta que vaya a servirlo. Adórnelo con las nueces caramelizadas en el último momento.

Repostería para fiestas

Terrinas de gelatina de cereza y crema de queso

Para:	30 unidades
Preparación:	25 minutos
Cocción:	10 minutos
Congelación:	30 minutos
Refrigeración:	5 horas

Para preparar este postre bicolor, la gelatina se deja cuajar con el recipiente inclinado antes de añadir la capa de crema, lo que crea un efecto sorprendente.

300 g de cerezas deshuesadas (descarozadas) congeladas

2 cucharadas de azúcar

175 ml de agua

4 cucharaditas de gelatina en polvo

250 g de queso fresco batido

la ralladura fina de 1 limón

3 cucharadas de miel fluida

150 ml de nata (crema) extragrasa

1. Ponga las cerezas congeladas, el azúcar y 125 ml del agua en una cazuela de base gruesa, llévelo a ebullición, baje el fuego y cuézalo, sin tapar, durante 5 minutos o hasta que las cerezas se ablanden.

2. Mientras tanto, ponga el agua restante en un cuenco refractario y esparza la gelatina por encima de modo que se absorba bien. Déjala reposar unos 5 minutos. Encaje el cuenco en la boca de un cazo con agua hirviendo a fuego suave unos 5 minutos, removiendo de vez en cuando, hasta que la gelatina esté transparente (véase la página 7).

3. Triture la compota de cereza en la batidora hasta hacerla puré y devuélvala a la cazuela. Incorpore 2½ cucharadas de la gelatina y deje que se enfríe.

4. Reparta la gelatina de cereza entre 6 moldes rectangulares de 150 ml, métalos en el congelador de modo que los moldes queden inclinados y congélela 30 minutos, o hasta que adquiera consistencia.

5. Mientras tanto, mezcle el queso con la ralladura de limón y la miel. Bata la nata en un bol grande hasta que forme suaves remolinos e incorpórela a la crema de queso. Agregue la gelatina restante y remueva con suavidad. Tape la crema de queso y déjala a temperatura ambiente.

6. Cuando la gelatina semicongelada esté en su punto, reparta la crema de queso por encima y alísela con una espátula. Refrigere las terrinas 4 horas, o hasta que cuajen.

7. Para desmoldarlas, sumérjalas en una cazuela con agua hirviendo a fuego bajo 2 segundos y sáquelas enseguida. Separe los bordes de las terrinas con un cuchillo romo, desmóldelas en platos y, si fuera necesario, alise el contorno de la gelatina con un cuchillo afilado. Devuelva las terrinas al frigorífico y déjelas una hora, córtelas en 5 porciones cada una y sírvalas.

Helado de pistacho y miel con higos al vino

Para: 10 personas
Preparación: 30-35 minutos
Cocción: 10 minutos
Congelación: 1-7 horas

Refrescante y estival, este postre de inspiración griega puede prepararse con antelación y queda mejor si se sirve con higos pequeños.

HELADO

6 yemas de huevo

2 cucharaditas de maicena

6 cucharadas de miel fluida

450 ml de leche

250 g de yogur griego

2 cucharaditas de agua de rosas (opcional)

55 g de pistachos troceados

HIGOS AL VINO

150 ml de vino tinto

55 g de azúcar

1 rama de canela partida por la mitad

10 higos pequeños

1. Para preparar el helado, ponga en un bol las yemas, la maicena y la miel. Caliente la leche en una cazuela mediana de base gruesa, llévela a ebullición e incorpórela poco a poco a las yemas. Cuele la crema sobre la cazuela y cuézala a fuego bajo, removiendo, hasta que se espese y esté homogénea. Pásela a un bol limpio, cúbrala con papel vegetal y deje que se enfríe.

2. Incorpore el yogur y el agua de rosas, si lo desea. Pase la crema a una heladora enfriada y póngala en marcha de 15 a 20 minutos, hasta que esté espesa y cremosa. Añada los pistachos y accione de nuevo la heladora hasta obtener una consistencia moldeable. Si no dispone de heladora, eche la crema en un molde antiadherente y métala en el congelador 3 o 4 horas, hasta que esté medio congelada. Bátala en el robot de cocina, incorpore los pistachos y vuelva a congelarla 3 horas más, o hasta que adquiera consistencia.

3. Mientras tanto, para preparar los higos al vino, caliente en un cazo ancho a fuego bajo el vino, el azúcar y la rama de canela. Eche los higos (deben caber bien en el cazo) y hiérvalos 5 minutos a fuego lento. Déjelos enfriar.

4. Cuando vaya a servir el postre, saque el helado del congelador y déjelo de 5 a 10 minutos a temperatura ambiente. Reparta bolas de helado en platos de postre con un higo partido por la mitad y un poco del vino en cada uno.

Palmeras rellenas de compota de ciruela

Para: 32 unidades
Preparación: 30 minutos
Cocción: 12-15 minutos

No hace falta que prepare el hojaldre en casa. Compre las láminas hechas, desenróllelas, espolvoréelas con el azúcar especiado y la ralladura de naranja, enróllelas, córtelas en rodajas y hornéelas. En esta receta las palmeras se han rellenado de rica compota de ciruela.

un poco de aceite de girasol, para untar

100 g de azúcar

1 cucharadita de canela molida

la ralladura fina de 1 naranja

2 láminas de hojaldre comprado (640 g)

leche, para pintar

RELLENO

300 g de ciruelas deshuesadas (descarozadas) y picadas

40 g de azúcar

1 pizca generosa de canela molida

3 cucharadas de agua

1 cucharadita de maicena

azúcar glas (impalpable) tamizado, para espolvorear

1. Precaliente el horno a 200 °C. Unte 2 bandejas de horno con un poco de aceite. Mezcle en un bol el azúcar con la canela y la ralladura de naranja.

2. Desenrolle una lámina de hojaldre, extiéndala con el rodillo si fuera necesario y pártala por la mitad para obtener 2 trozos de 23 x 19 cm. Esparza la mitad del azúcar condimentado por encima de las dos porciones de hojaldre, enróllelas por separado empezando por el lado largo y pinte los extremos con un poco de leche para que no se suelten. Corte cada rollo en 16 rodajas y póngalas, con la parte cortada hacia arriba, en una de las bandejas.

3. Repita el paso 2 con la otra lámina de hojaldre. Cueza las palmeras en el horno precalentado de 12 a 15 minutos, hasta que se doren.

4. Mientras tanto, para preparar el relleno, ponga las ciruelas en una cazuela de base gruesa y añada el azúcar, la canela y 2 cucharadas del agua. Tápelo y cuézalo a fuego bajo 10 minutos. Disuelva la maicena en la cucharada de agua restante en un cuenco, añádalo a las ciruelas y cuézalo 1 minuto más, hasta que se espese. Déjelo enfriar.

5. Reparta el relleno de ciruela sobre la mitad de las palmeras y cúbralo con la otra mitad. Páselas a una fuente y espolvoréelas con azúcar glas.

Gelatina de arándanos al vodka

Para: 12 unidades
Preparación: 15 minutos
Cocción: 8 minutos
Refrigeración: 4 horas

Este vistoso postre estará listo en cuestión de minutos. Para una presentación elegante, sírvalo en vasos de distintas alturas, póngalos en platos de postre y adórnelos con purpurina rosa comestible.

6 porciones de bizcocho preparado

350 ml de agua

3 cucharaditas de gelatina en polvo

250 g de arándanos

70 g de azúcar

la ralladura fina de 1 limón

100 ml de vodka

125 ml de nata (crema) extragrasa

purpurina rosa comestible, para adornar

1. Corte el bizcocho en 12 redondeles pequeños con el borde de un vaso de chupito y repártalos entre la misma cantidad de copitas de licor, presionándolos contra la base.

2. Ponga 50 ml del agua en un cuenco refractario y esparza la gelatina por encima de modo que se absorba bien. Déjela reposar 5 minutos.

3. Mientras tanto, ponga los arándanos, el azúcar, la ralladura de limón y los 300 ml del agua restantes en una cazuela de base gruesa, llévelo a ebullición, baje el fuego y cuézalo, sin tapar, durante 5 minutos o hasta que los arándanos se ablanden.

4. Aparte la cazuela del fuego, añada la gelatina y remueva hasta que se disuelva. Vierta el vodka y reparta la gelatina entre las copas, presionando los trozos de bizcocho con una cucharilla si flotaran. Deje enfriar la gelatina, tápela y ponga las copas en una fuente de horno pequeña. Refrigérela durante 4 horas, o hasta que cuaje.

5. Antes de servir el postre, eche 2 cucharaditas de la nata en cada copa y adórnelo con purpurina rosa comestible.

Mousse helada de chocolate a la menta

Para: 12 unidades
Preparación: 40 minutos
Cocción: 10 minutos
Congelación: 4 horas

Un postre típicamente francés con un toque refrescante. Como la mousse está congelada, no hay ningún problema en hacerla con antelación. Los sofisticados adornos de chocolate también pueden prepararse la noche anterior y refrigerarse hasta el momento de servir el postre.

150 g de chocolate negro troceado

15 g de mantequilla en dados

3 huevos, con las yemas y las claras separadas

2 cucharadas de leche

1 cucharada de azúcar

½ cucharadita de esencia de menta

ADORNOS

55 g de chocolate negro troceado

55 g de chocolate blanco troceado

unas gotas de colorante alimentario verde

125 ml de nata (crema) extragrasa

½-1 cucharadita de esencia de menta

1. Para preparar la *mousse*, ponga el chocolate y la mantequilla en un bol refractario, encájelo en la boca de un cazo con agua hirviendo a fuego bajo, sin que llegue a tocarla, y espere a que se derrita. Incorpore las yemas de huevo de una en una y la leche hasta obtener una crema homogénea. Apártelo del fuego.

2. En un bol grande bien limpio, monte las claras a punto de nieve. Añada el azúcar a cucharaditas sin dejar de batir. Incorpore las claras a la crema de chocolate y, después, la esencia de menta.

3. Reparta la *mousse* entre 12 vasos de chupito de plástico, preferentemente con un embudo o una boquilla larga para no ensuciar los bordes. Congélelo 4 horas o toda la noche.

4. Mientras tanto, para preparar los adornos, forre la bandeja del horno con papel vegetal. Ponga el chocolate negro en un bol refractario, encájelo en la boca de un cazo con agua hirviendo a fuego bajo, sin que llegue a tocarla, y espere a que se derrita. Deje caer cucharadas del chocolate derretido en forma de garabatos sobre la bandeja y refrigérelo durante 30 minutos.

5. Ponga el chocolate blanco en un bol refractario, encájelo en la boca de un cazo con agua hirviendo a fuego bajo, sin que llegue a tocarla, y espere a que se derrita. Rocíe los garabatos de chocolate negro de la bandeja con la mitad del chocolate blanco derretido. Mezcle el chocolate blanco restante con el colorante verde y rocíelo sobre las otras 2 capas de chocolate. Refrigérelo durante 30 minutos.

6. Para adornar la *mousse*, bata la nata en un bol grande hasta que forme suaves remolinos e incorpore la esencia de menta. Repártala entre los vasitos, parta las figuras de chocolate y adorne con ellas el postre. Déjelo reposar a temperatura ambiente 10 minutos y sírvalo.

Flan tropical al caramelo

Para: 10 unidades
Preparación: 25 minutos
Cocción: 30-35 minutos
Refrigeración: 4 horas

Este original flan al caramelo tiene un toque exótico gracias a la naranja, la lima y el mango. Si no tiene flaneras metálicas en casa, utilice moldes para magdalenas o tartaletas de papel de aluminio, siempre y cuando tengan 4 cm de profundidad.

175 g de azúcar

175 ml de agua

3 cucharadas de agua hirviendo

2 huevos enteros, y otras 2 yemas

150 ml de leche semidesnatada (semidescremada)

400 g de leche condensada

la ralladura fina de 1 naranja

la ralladura fina de 1 lima (limón)

½ mango pequeño pelado y deshuesado (descarozado), para adornar

1. Precaliente el horno a 160 °C. Ponga 10 flaneras metálicas o moldes individuales de cerámica en una fuente refractaria.

2. Eche el azúcar y el agua en un cazo de base gruesa. Caliéntelo a fuego lento 5 minutos, o hasta que el azúcar se disuelva, inclinando el cazo para mezclarlo bien. Suba el fuego y hiérvalo sin remover 5 minutos, hasta que el caramelo esté bien dorado (véase la página 7). Apártelo del fuego y vierta el agua hirviendo, con mucho cuidado porque salpicará. Deje enfriar el caramelo 1 minuto, o hasta que empiece a dejar de borbotear, y repártalo entre los moldes.

3. Ponga los huevos enteros y las yemas en un bol grande y bátalos con un tenedor.

4. Ponga la leche y la leche condensada en un cazo de base gruesa. Sin dejar de remover, caliéntelo a fuego bajo hasta que esté a punto de romper a hervir. Viértalo despacio en la jarra con el huevo batido y cuélelo sobre el cazo. Incorpore la ralladura de naranja y la mitad de la de lima (envuelva la restante en film transparente y resérvela).

5. Reparta la crema entre las flaneras. Vierta agua caliente en la fuente hasta la mitad de la altura de los moldes. Cueza los flanes al baño María en el horno de 20 a 25 minutos, o hasta que cuajen. Sáquelos de la fuente, deje que se enfríen y refrigérelos 4 horas o toda la noche.

6. Corte el mango en tiras finas. Para desmoldar los flanes, sumérjalos en una cazuela con agua hirviendo a fuego bajo 10 segundos y sáquelos enseguida. Separe los bordes de los flanes con un cuchillo romo, vuélquelos sobre los platos y retire las flaneras. Sírvalos adornados con las tiras de mango y la ralladura de lima reservada.

Profiteroles de chocolate a la crema de whisky

Para:	36 unidades
Preparación:	45 minutos
Cocción:	20-25 minutos
Reposo:	15 minutos

Este postre gusta a todo el mundo, pero si los invitados tienen edades distintas quizá prefiera dividir la crema y añadir solo 2 cucharadas de crema de whisky a una mitad y servir la restante sin alcohol para los niños.

55 g de mantequilla, y un poco más para untar

150 ml de agua

70 g de harina

1 pizca de sal

2 huevos batidos

unas gotas de esencia de vainilla

RELLENO

350 ml de nata (crema) extragrasa

2 cucharadas de azúcar glas (impalpable) tamizado

4 cucharadas de crema de whisky

CREMA DE CHOCOLATE

25 g de mantequilla en dados

100 g de chocolate negro troceado

1 cucharada de azúcar glas (impalpable) tamizado

2 cucharaditas de leche

1. Precaliente el horno a 200 °C. Unte 2 bandejas de horno con un poco de mantequilla.

2. Ponga la mantequilla y el agua en una cazuela de base gruesa y caliéntelo hasta que se derrita. Suba la temperatura, llévelo a ebullición y apártelo del fuego. Tamice la harina y la sal por encima, devuelva la cazuela al fuego y remueva hasta obtener una bola que se desprenda de la cazuela. Déjela enfriar al menos 15 minutos.

3. Incorpore el huevo poco a poco, batiendo bien cada vez, hasta obtener una pasta homogénea. Incorpore la vainilla. Introduzca la pasta en una manga pastelera grande con boquilla lisa de 1,5 cm de diámetro y dispóngala en tiras de 4 cm de largo en las bandejas.

4. Cuézalas en el horno precalentado de 10 a 12 minutos, hasta que se hinchen y estén crujientes por fuera. Parta los profiteroles por la mitad a lo largo por un lateral, sin separar las mitades, para que salga el vapor, y déjelos en el horno 2 minutos más. Déjelos enfriar.

5. Alrededor de 1 hora antes de servir el postre, prepare el relleno. Ponga la nata en un bol, añada el azúcar glas tamizado y el licor de whisky y bátala hasta que forme suaves remolinos. Introduzca la crema en una manga pastelera con boquilla de estrella y rellene los profiteroles.

6. Para preparar la crema de chocolate, ponga todos los ingredientes en un bol refractario, encájelo en la boca de un cazo con agua hirviendo a fuego suave, sin que llegue a tocarla, y caliéntelos hasta obtener una crema homogénea y satinada, removiendo un par de veces. Reparta la crema de chocolate sobre los profiteroles, déjelos reposar 15 minutos y sírvalos en una fuente.

Macarons con crema de café

Para:	20 unidades
Preparación:	30 minutos
Cocción:	12-15 minutos
Reposo:	1½ horas

Disfrute del delicado contraste entre el crujiente merengue al café y la cremosidad del relleno. Si sirve los pastelillos en moldes de papel no hace falta que reparta platos de postre entre los comensales.

175 g de azúcar glas (impalpable)

85 g de azúcar mascabado

115 g de almendra molida

las claras de 3 huevos grandes

100 g de chocolate negro troceado, para adornar

RELLENO

55 g de azúcar

3 cucharadas de agua

2 yemas de huevo

2 cucharaditas de café soluble

105 g de mantequilla refrigerada en dados

1. Forre 3 bandejas de horno con papel vegetal. Muela bien el azúcar glas, el azúcar mascabado y la almendra molida en el robot de cocina. Páselo por un colador sobre un bol y resérvelo.

2. En un bol grande bien limpio, monte las claras a punto de nieve. Con suavidad, incorpore la mitad de la almendra molida a las claras montadas con una cuchara. Después, añada la restante hasta obtener una preparación suave y homogénea que se desprenda fácilmente de la cuchara.

3. Introduzca la preparación en una manga pastelera con boquilla lisa grande y disponga espaciadamente redondeles de unos 2,5 cm de diámetro en las bandejas forradas. Déjelo reposar de 10 a 15 minutos para que se seque. Precaliente el horno a 160 °C.

4. Cueza los *macarons* en el horno precalentado de 12 a 15 minutos, o hasta que pueda desprenderlos del papel, y déjelos enfriar.

5. Para preparar el relleno, ponga el azúcar y el agua en un cazo de base gruesa. Caliéntelo a fuego suave 4 o 5 minutos, hasta que el azúcar se disuelva, inclinando el cazo para mezclarlo bien. Suba el fuego y hierva el almíbar, sin remover, hasta que alcance una temperatura de 115 °C en el termómetro para almíbar, o hasta que empiece a tomar color por los bordes.

6. Mientras tanto, ponga las yemas de huevo en un bol y bátalas con el café. Cuando el almíbar esté listo, incorpórelo a las yemas batidas en un hilo grueso hasta obtener una crema espesa y fría. Después, incorpore la mantequilla dadito a dadito. Tape la crema, déjela enfriar y rellene con ella los *macarons*.

7. Para adornar los pastelillos, ponga el chocolate en un bol refractario, encájelo en la boca de un cazo con agua hirviendo a fuego lento, sin que llegue a tocarla, y espere a que se derrita. Introduzca el chocolate en una manga pastelera de papel, córtele la punta y dibuje unas líneas en zigzag sobre los *macarons*. Déjelos reposar en un lugar frío para que se endurezca el chocolate y sírvalos.

Índice analítico

adornos 8-9
    con flores naturales 9
    de azúcar 9
adornos de chocolate
    chocolate de colores 8
    dibujos 8
    virutas 8
albaricoques: albaricoques rellenos
    de chocolate y merengue 40
alcorza 9
arándanos
    crema de limón con compota
        de arándanos 36
    crema quemada con arándanos 42
    gelatina de arándanos al vodka 70
    mantecadas con crema y compota de
        frutos rojos 54
    tortitas de arándanos con jarabe
        de arce 12
arándanos rojos
    vasitos de crema de *amaretti*
        y arándanos rojos 58
    yogur con guirlache de muesli
        y compota de arándanos 24
avena
    bocaditos de nubes de azúcar 20
    compota de fruta con cobertura
        crujiente 16
    yogur con guirlache de muesli
        y compota de arándanos 24

bocaditos de nubes de azúcar 20
buñuelos de manzana y canela con
    compota de moras 18

caramelo 7
    cucuruchos de helado de fresa
        a la menta 50
    flan tropical al caramelo 74
    láminas de caramelo 9
cerezas
    mantecadas con crema y compota
        de frutos rojos 54
    pastelitos de almendra y cereza 14
chocolate
    albaricoques rellenos de chocolate
        y merengue 40
    bocaditos de nubes de azúcar 20
    bocaditos de tarta de queso con
        chocolate blanco y fresas 38
    corazones de chocolate con fresas 48
    coulants de chocolate con salsa
        de caramelo 26
    cucuruchos de helado de fresa
        a la menta 50
    macarons con crema de café 78

mousse de triple chocolate 52
mousse helada de chocolate
    a la menta 72
pastel frío de chocolate y jengibre 44
profiteroles de chocolate a la crema
    de whisky 76
suflés calientes de naranja con salsa
    de chocolate y naranja 22
ciruelas
    compota de fruta con cobertura
        crujiente 16
    palmeras rellenas de compota
        de ciruela 68
congelación 7

frambuesas
    compota de fruta con cobertura
        crujiente 16
    mantecadas con crema y compota
        de frutos rojos 54
    merengues con fresa y frambuesa 30
    tartaletas veteadas de nata
        y frambuesa 34
fresas
    bocaditos de tarta de queso con
        chocolate blanco y fresas 38
    corazones de chocolate
        con fresas 48
    cucuruchos de helado de fresa
        a la menta 50
    gelatina de fresa y vino rosado 32
    merengues con fresa y frambuesa 30
frutos secos
    delicias de chocolate y caramelo 60
    helado de pistacho y miel con higos
        al vino 66
    macarons con crema de café 78
    pastel frío de chocolate y jengibre 44
    pastelitos de almendra y cereza 14
    yogur con guirlache de muesli
        y compota de arándanos 24

gelatina 7

helado
    cucuruchos de helado de fresa
        a la menta 50
    helado de pistacho y miel con higos
        al vino 66
higos: helado de pistacho y miel con
    higos al vino 66

jarabe de arce: tortitas de arándanos
    con jarabe de arce 12

limas
    flan tropical al caramelo 74
    merengues con fresa
        y frambuesa 30
    virutas de piel de cítricos 9
limones
    crema de limón con compota
        de arándanos 36
    granizado de mandarina 56

tortitas de arándanos con jarabe
    de arce 12
virutas de piel de cítricos 9

macarons con crema de café 78
magdalenas 7
mango: flan tropical al caramelo 74
mantecadas con crema y compota
    de frutos rojos 54
manzanas: buñuelos de manzana y canela
    con compota de moras 18
merengues 7
    albaricoques rellenos de chocolate
        y merengue 40
    merengues con fresa y frambuesa 30
miel
    coulants de chocolate con salsa
        de caramelo 26
    helado de pistacho y miel con higos
        al vino 66
    terrinas de gelatina de cereza y crema
        de queso 64
    yogur con guirlache de muesli
        y compota de arándanos 24
moldes 6
    forrar moldes 7
moras: buñuelos de manzana y canela
    con compota de moras 18

naranjas
    flan tropical al caramelo 74
    granizado de mandarina 56
    palmeras rellenas de compota
        de ciruela 68
    suflés calientes de naranja con salsa
        de chocolate y naranja 22
    virutas de piel de cítricos 9

punto de cocción del bizcocho 7

queso cremoso
    bocaditos de tarta de queso con
        chocolate blanco y fresas 38
    terrinas de gelatina de cereza y crema
        de queso 64
    vasitos de crema de *amaretti*
        y arándanos rojos 58

técnicas de cocción 7
tortitas: tortitas de arándanos con jarabe
    de arce 12

utensilios 6

virutas de piel de cítricos 9

yogur
    helado de pistacho y miel con higos
        al vino 66
    yogur con guirlache de muesli
        y compota de arándanos 24

tabla **de** equivalencias

Las equivalencias exactas de la siguiente tabla han sido redondeadas por conveniencia.

medidas de líquidos/sólidos

sistema imperial (EE UU)	sistema métrico
1/4 de cucharadita	1,25 mililitros
1/2 cucharadita	2,5 mililitros
3/4 de cucharadita	4 mililitros
1 cucharadita	5 mililitros
1 cucharada (3 cucharaditas)	15 mililitros
1 onza (de líquido)	30 mililitros
1/4 de taza	60 mililitros
1/3 de taza	80 mililitros
1/2 taza	120 mililitros
1 taza	240 mililitros
1 pinta (2 tazas)	480 mililitros
1 cuarto de galón (4 tazas)	950 mililitros
1 galón (4 cuartos)	3,84 litros
1 onza (de sólido)	28 gramos
1 libra	454 gramos
2,2 libras	1 kilogramo

temperatura del horno

fahrenheit	celsius	gas
225	110	1/4
250	120	1/2
275	140	1
300	150	2
325	160	3
350	180	4
375	190	5
400	200	6
425	220	7
450	230	8
475	240	9

longitud

sistema imperial (EE UU)	sistema métrico
1/8 de pulgada	3 milímetros
1/4 de pulgada	6 milímetros
1/2 pulgada	1,25 centímetros
1 pulgada	2,5 centímetros

Golosinas

Golosinas

Publicado por Parragon Books Ltd en 2013

LOVE FOOD es un sello editorial de Parragon Books Ltd

Parragon, Inc.
440 Park Avenue South
13 Floor
New York
NY 10016
USA
www.parragon.com

Copyright © Parragon Books Ltd 2013

Love Food y el logotipo correspondiente son una marca comercial registrada de Parragon Books Ltd en Australia, Reino Unido, Estados Unidos, la India y la Unión Europea.

www.parragon.com/lovefood

Todos los derechos reservados. Ninguna parte de esta obra se puede reproducir, almacenar o transmitir de forma o por medio alguno, sea este electrónico, mecánico, por fotocopia, grabación o cualquier otro, sin la previa autorización escrita de los titulares de los derechos.

ISBN: 978-1-4723-2462-7

Impreso en China/Printed in China

Creación y producción: Pene Parker y Becca Spry
Texto y economía doméstica: Sunil Vijayakar
Fotografía: Karen Thomas

Traducción: Carme Franch para Delivering iBooks & Design
Edición y maquetación: Delivering iBooks & Design

Notas:

En este libro las medidas se dan en el sistema métrico. Cuando el nombre de algún ingrediente varía de una región del ámbito hispánico a otra, se ha procurado ofrecer las variantes. Se considera que 1 cucharadita equivale a 5 ml y 1 cucharada, a 15 ml. Si no se especifica lo contrario, la leche es siempre entera y los huevos, medianos.

Los tiempos indicados son orientativos. Los tiempos de preparación pueden variar de una persona a otra según su técnica culinaria; asimismo, también pueden variar los tiempos de cocción. Los ingredientes opcionales, las variaciones y las sugerencias de presentación no se han incluido en los cálculos.

Las recetas que llevan huevo crudo o poco hecho no están indicadas para niños, ancianos, mujeres embarazadas ni personas convalecientes o enfermas. Se recomienda a las mujeres embarazadas o lactantes que no consuman cacahuetes ni productos derivados. Las personas alérgicas a los frutos secos tendrán que tener en cuenta que algunos de los productos preparados que llevan estas recetas pueden contenerlos; por tanto, antes de dosificarlos deberán leer atentamente la lista de sus ingredientes. Compruebe siempre el envase de los productos antes de consumirlos.

Índice

Introducción	6
Golosinas de fruta y frutos secos	10
Golosinas de caramelo	26
Golosinas de chocolate	44
Golosinas para la sobremesa	62
Índice analítico	80

Introducción

A nadie le amarga un dulce, y no hay nada mejor que elaborar y saborear una gran variedad de dulces caseros y fáciles de preparar, apetitosos y con los que podrá permitirse caer en la tentación sin sentirse culpable.

Ingredientes

Chocolate
En las recetas de este libro se utiliza chocolate negro, con leche y blanco, además de cacao en polvo. Hay muchas marcas y variedades de chocolate, pero tenga en cuenta que sale más a cuenta comprar el de mejor calidad. Lo mejor es probar distintos tipos para descubrir cuál le gusta más en cuanto a aspecto, aroma, sabor, textura y regusto.

El chocolate negro contiene al menos un 35 % de cacao, pero a veces llega a más del 70 %. Cuanto mayor sea el porcentaje de cacao, más intenso será el sabor. En general el chocolate con leche tiene al menos un 25% de cacao y suele llevar manteca de cacao, leche, azúcar y saborizantes. El chocolate blanco se elabora con manteca de cacao, sólidos lácteos, azúcar, saborizantes como la vainilla y emulsionantes como la lecitina.

Huevos
Los huevos son un ingrediente de repostería básico. Aportan estructura, color, textura, sabor y humedad. Si es posible, elija huevos de producción ecológica. Compruebe la fecha del envase y procure que los huevos sean muy frescos. No los sustituya por sucedáneos y consérvelos siempre en el frigorífico.

Harina
Todas las recetas de este libro se preparan con harina común de trigo. La harina común presenta un contenido de gluten moderado, puede ser blanca o integral. No sustituya la harina de estas recetas por harina integral, ya que es más pesada y densa, por lo que la textura de la masa podría verse afectada.

Mantequilla
Todas las recetas que encontrará en este volumen dedicado a las golosinas, se preparan con mantequilla sin sal. De esta forma, en todo momento podrá controlar la cantidad de sal que contienen los dulces. No sustituya nunca la mantequilla por margarina u otros sucedáneos, ya que la textura y el sabor del dulce podrían verse afectados.

Gelatina
Las recetas de este libro se preparan con gelatina en polvo o en hojas. Si la gelatina es en polvo, échala con una cucharilla medidora, espolvoreándola sobre el líquido. Si se formaran grumos, remueva con suavidad con una cucharilla. Si por el contrario se utiliza gelatina en hojas, sumérjala por completo en el líquido. Déjela durante unos 10 minutos en remojo (se formará una pasta esponjosa).

Fruta seca y frutos secos
Estos ingredientes aportan color, textura y sabor. Las recetas de este libro incorporan pasas, arándanos secos, orejones de albaricoque, almendra molida, avellanas, anacardos, pistachos, almendra fileteada, nueces y pacanas. Si lo desea, puede intercambiar algunos de estos ingredientes.

Azúcar y especias
Algunas de las especias de las recetas de este libro son guindilla, jengibre y cardamomo molidos. En cuanto a las esencias, encontrará las de vainilla, menta, fresa y frambuesa. Es importante que elija siempre especias frescas. Una vez abierto el envase, guárdelas en recipientes herméticos.

El azúcar aporta color, sabor, dulzor y humedad. Estas recetas se preparan con azúcar común, mascabado, extrafino (puede prepararlo usted mismo, moliendo azúcar común durante un miniuto en el robot de cocina o en el molinillo de café) o moreno y glas, así como siropes de maíz y de glucosa.

Procure tener la despensa bien provista de estas variedades de azúcar y especias.

Utensilios

Aquí encontrará los utensilios básicos para preparar las recetas de este libro.

Cazuelas de base gruesa
Un juego de cazuelas de base gruesa de varios tamaños es imprescindible para trabajar el chocolate y el azúcar de modo que no se peguen ni se quemen.

Bandejas de horno y moldes
Necesitará bandejas antiadherentes de diversos tamaños, y moldes de 30 x 20 cm, de 28 x 18 cm y de 20 x 20 cm.

Las bandejas metálicas gruesas son las mejores, ya que no se deforman con el calor del horno. Antes de comprarlas, no olvide comprobar la medida del horno.

También necesitará un molde desmontable para tarta de 20 cm y otro de 17 cm de diámetro, así como dos moldes cuadrados, uno de 20 cm y otro de 24 cm de lado.

Adquiera siempre bandejas y moldes de buena calidad. Merece la pena la inversión, ya que si las trata adecuadamente se conservarán durante mucho tiempo en perfecto estado.

Papel vegetal
El papel vegetal es imprescindible para forrar las bandejas del horno y los moldes.

Termómetro para azúcar

Este utensilio es imprescindible para calentar el almíbar a la temperatura deseada. El rango de temperatura va de los 37,7 °C a los 204,5 °C en intervalos de dos grados.

Compruebe que el termómetro toma la temperatura del almíbar sin tocar el fondo para obtener una lectura precisa.

Batidora de pedestal

Este electrodoméstico no puede faltar en ninguna cocina. Permite tener las manos libres para ir añadiendo los distintos ingredientes o hacer otras tareas mientras se mezclan los ingredientes.

Batidor de varillas eléctrico

Imprescindible para montar claras, batir y mezclar ingredientes, por ejemplo para preparar merengue.

Robot de cocina

El robot de cocina es uno de los electrodomésticos de cocina más útiles. Va de maravilla para picar y moler frutos secos, así como para mezclar ingredientes.

Báscula digital y tazas medidoras

Tenga siempre a mano una báscula digital, tazas medidoras y un juego de cucharas medidoras.

Ralladores

Invierta en ralladores de acero inoxidable de varios tamaños bien afilados para rallar la piel de limón o hacer virutas de chocolate, por ejemplo.

Espátula

Una espátula refractaria va muy bien para remover los ingredientes mientras se cocinan.

Reloj de cocina

Encontrará relojes de cocina de todas las formas y tamaños. Escoja un modelo que sea fácil de entender. Prográmelo siempre para la cantidad mínima de tiempo indicada en la receta, ya que después podrá rectificar el tiempo de cocción.

Técnicas de cocción

En este apartado encontrará algunas técnicas con las que se elaboran las recetas de este libro.

Derretir chocolate

Pique el chocolate en trozos o pártalo con las manos y póngalo en un bol refractario que encaje bien en una cazuela de base gruesa, para que no escapen el calor ni el vapor. Lleve la cazuela de agua a ebullición a fuego bajo, encaje el bol y remueva a la misma temperatura hasta que el chocolate se derrita. Mantenga como máximo 2,5 cm de agua en la cazuela y evite que el fondo del bol entre en contacto con ella, si no el chocolate se quemaría. Cuando se haya derretido, revuélvalo con una espátula de goma hasta que quede homogéneo. Si prefiere derretirlo en el microondas, pártalo, póngalo en un bol adecuado y déjelo fundirse a la mínima potencia en intervalos de 30 segundos. Remuévalo con una espátula de goma tras cada intervalo.

Batir huevos y montar claras

Para batir huevos de modo que ganen volumen, es mejor que estén a temperatura ambiente. Póngalos en un bol lo bastante grande para que tripliquen su volumen y bátalos con la batidora de pedestal o las varillas eléctricas. Comience a una velocidad moderada y vaya aumentándola a medida que suba el volumen. Si va a montar claras a punto de nieve, elija un bol sin grasa, de lo contrario no subirían bien. Las claras de huevo congeladas se conservan hasta tres meses. Antes de utilizarlas, déjelas descongelar a temperatura ambiente.

Batir nata

La nata se bate mejor cuando está fría, ya que adquiere una textura más esponjosa. Refrigere el bol y las varillas eléctricas antes de batir la nata. Comience a velocidad moderada y evite batirla demasiado, de lo contrario quedaría demasiado consistente. Si esto sucediera, añádale un par de cucharadas más de nata y bátala con suavidad hasta que quede homogénea.

Picar frutos secos

Pique los frutos secos en una tabla de cocina con un cuchillo de cocinero o tritúrelos en intervalos cortos en el robot de cocina.

Golosinas de fruta y frutos secos

Nubes veteadas de fresa

Para:	32 unidades
Preparación:	40 minutos
Cocción:	20 minutos
Reposo:	1 hora

Ligeras y esponjosas, estas nubes dulces y ligeras le alegrarán el día a más de uno. Si lo prefiere, sustituya la esencia de fresa por esencia de frambuesa, quedarán igual de ricas.

un poco de aceite de girasol, para untar

harina de maíz (elote, choclo), para espolvorear

azúcar glas (impalpable) tamizado, para espolvorear

11 hojas de gelatina (unos 20 g)

340 ml de agua

1 cucharada de glucosa líquida

450 g de azúcar

3 claras de huevo

1 cucharadita de esencia de fresa (frutilla)

2 cucharaditas de colorante alimentario rosa

1. Unte un molde de horno de 30 x 20 cm con aceite y espolvoréelo con un poco de harina de maíz y de azúcar glas tamizado.

2. Ponga la gelatina en un cuenco, vierta 140 ml del agua y compruebe que queda bien sumergida (véase la página 6). Déjela 10 minutos en remojo.

3. Ponga en un cazo de base gruesa la glucosa, el azúcar y los 200 ml de agua restantes. Llévelo a ebullición, baje el fuego y hiérvalo 15 minutos, o hasta que el almíbar alcance una temperatura de 127 °C en el termómetro para azúcar. Aparte el cazo del fuego e incorpore la gelatina con cuidado, ya que el almíbar borboteará. Vierta el almíbar en una jarra medidora y remuévalo bien.

4. Monte las claras a punto de nieve en un bol grande limpio y, después, incorpore el almíbar poco a poco hasta obtener una pasta satinada y espesa. Añada la esencia de fresa y bata la preparación de 5 a 10 minutos, hasta que al levantar las varillas quede adherida a las mismas.

5. Extienda la pasta en el molde y alísela con una espátula húmeda. Esparza el colorante por encima y, con un palillo, repártalo sobre la pasta para obtener un efecto veteado. Déjelo reposar 1 hora.

6. Pase un cuchillo romo alrededor del molde y desmolde la pasta sobre una tabla de cortar. Córtela en 32 cuadrados y espolvoréelos con un poco de harina de maíz y de azúcar glas. Deje secar las nubes en una rejilla metálica. Sírvalas enseguida.

Caramelos de gelatina de fruta

Para:	30 unidades
Preparación:	25 minutos
Cocción:	10 minutos
Reposo:	3-4 horas

Estos caramelos de gelatina son refrescantes y deliciosos. Si lo desea, sustituya el zumo de manzana y la confitura de albaricoque por otras variedades de fruta.

450 ml de zumo (jugo) de manzana

3 cucharadas de gelatina en polvo

400 g de azúcar

500 de confitura de albaricoque (damasco)

1. Ponga la mitad del zumo de manzana en un bol y esparza la gelatina por encima de modo que quede bien sumergida (véase la página 6). Déjela 10 minutos en remojo.

2. Mientras tanto, ponga en un cazo de base gruesa el zumo de manzana restante y la mitad del azúcar. Llévelo a ebullición, removiendo, unos 5 o 6 minutos o hasta que el azúcar se disuelva. Incorpore la confitura de albaricoque, llévelo de nuevo a ebullición y hiérvalo 3 o 4 minutos, hasta obtener un jarabe espeso y almibarado. Añada la gelatina y remueva hasta que se disuelva.

3. Pase el jarabe por un colador de malla fina sobre un bol y, después, a un molde antiadherente de 25 x 17 cm. Refrigérelo 3 o 4 horas, o hasta que cuaje.

4. Extienda el azúcar restante en una bandeja de horno grande. Corte la gelatina de fruta en 30 cuadrados y retírelos con una espátula. Antes de servir los caramelos, páselos por el azúcar. Sírvalos o guárdelos 5 días como máximo en un recipiente hermético en un lugar frío y seco.

Bocaditos de coco y frambuesa

Para:	20 unidades
Preparación:	30 minutos
Reposo:	3 horas

Al no precisar cocción, estos bocaditos son ideales para prepararlos con los pequeños de la casa. Si además los envuelve en celofán o los mete en una cajita, obtendrá un regalo muy simpático.

un poco de aceite de girasol, para untar

325 g de azúcar glas (impalpable) tamizado, y un poco más si fuera necesario

325 g de coco rallado

400 g de leche condensada

1 cucharadita de esencia de vainilla

55 g de frambuesas

½ cucharadita de colorante alimentario rosa

1 cucharadita de esencia de frambuesa

1. Unte con un poco de aceite un molde de horno cuadrado de 20 cm. Forre la base con papel vegetal.

2. Ponga en un bol la mitad del azúcar glas y la mitad del coco rallado, y en otro bol la mitad restante de ambos ingredientes. Remuévalo y haga un hueco en el centro.

3. Eche la mitad de la leche condensada y de la vainilla en cada bol y mézclelo. Extienda la pasta de un bol en el molde y alísela con una espátula.

4. Triture las frambuesas en la batidora hasta obtener un puré. Páselo por un colador y deseche las pepitas. Incorpore el puré de frambuesa, el colorante y la esencia de frambuesa a la mezcla del bol. Si la pasta quedara demasiado líquida, añada un poco más de azúcar glas.

5. Extienda la pasta de coco y frambuesa sobre la pasta de coco neutra, tápelo y refrigérelo 3 horas, o hasta que cuaje.

6. Desmolde la pasta de coco, retire el papel y córtela en 20 cuadrados. Sirva los bocaditos o guárdelos 5 días como máximo en un recipiente hermético en un lugar frío y seco.

Minimanzanas caramelizadas

Para: 12 unidades
Preparación: 25 minutos
Cocción: 20-25 minutos

No hay nada más reconfortante en las tardes de otoño que una crujiente manzana caramelizada. También puede envolverlas y compartirlas con sus amigos junto a la hoguera en las excursiones.

3 manzanas rojas grandes

el zumo (jugo) de 1 limón

100 g de azúcar

175 ml de agua

15 g de mantequilla

unas gotas de colorante alimentario rojo

1. Meta un bol de agua con hielo en el frigorífico. Con un vaciador de melón, retire 12 bolitas de las manzanas de modo que todas conserven parte de la piel. Hínqueles un palito por la parte de la piel. Rocíelas con el zumo de limón para que no se ennegrezcan y resérvelas.

2. Ponga en un cazo de base gruesa el azúcar, el agua y la mantequilla. Caliéntelo a fuego bajo hasta que el azúcar se disuelva, inclinando el cazo para mezclar los ingredientes. Suba el fuego y hierva el caramelo a fuego vivo de 12 a 15 minutos, o hasta que alcance una temperatura de 160 °C en el termómetro para azúcar y esté bien dorado. Apague el fuego, incorpore el colorante y espere a que el caramelo deje de burbujear.

3. Saque el bol de agua con hielo del frigorífico. Trabajando lo más deprisa posible, pase las bolitas de manzana por el caramelo de una en una, girándolas unas cuantas veces para que se caramelicen bien, y sumérjalas 30 segundos en el agua. Sírvalas enseguida.

Nougat de pistacho y albaricoque

Para:	16 unidades
Preparación:	30 minutos
Cocción:	15 minutos
Reposo:	8-10 horas

Este dulce lleva un jarabe de miel y azúcar mezclado con clara montada, pistachos y orejones de albaricoque. Es típico de la ciudad francesa de Montélimar, donde se elabora desde el siglo XVIII. Sírvalo con el café de la sobremesa, troceado sobre el helado o añadido a sus postres preferidos.

papel de arroz comestible

250 g de azúcar

125 ml de glucosa líquida

85 g de miel fluida

2 cucharadas de agua

1 pizca de sal

1 clara de huevo

½ cucharadita de esencia de vainilla

60 g de mantequilla ablandada y en dados

50 g de pistachos troceados

50 g de orejones de albaricoque (damasco) picados

1. Forre un molde cuadrado de 17 cm desmontable con film transparente, dejando que sobresalga por los lados. Forre la base con papel de arroz.

2. Ponga en un cazo de base gruesa el azúcar, la glucosa, la miel, el agua y la sal. Caliéntelo a fuego bajo hasta que el azúcar se disuelva, inclinando el cazo para mezclar los ingredientes. Suba el fuego y hierva el jarabe 8 minutos, o hasta que alcance una temperatura de 121 °C en el termómetro para azúcar.

3. Monte la clara a punto de nieve con las varillas eléctricas o manuales. Vierta una cuarta parte del jarabe en un hilo sin dejar de batir. Siga batiendo la preparación 5 minutos más, hasta que al levantar las varillas quede adherida a las mismas.

4. Caliente el jarabe del cazo a fuego bajo 2 minutos, o hasta que alcance una temperatura de 143 °C en el termómetro para azúcar. Viértalo poco a poco sobre la preparación sin dejar de batir.

5. Añada la vainilla y la mantequilla y bátalo durante unos 5 minutos más. Incorpore los pistachos y los orejones.

6. Eche el *nougat* en el molde y alíselo con una espátula. Tápelo con papel de arroz y refrigérelo de 8 a 10 horas, o hasta que esté más bien consistente.

7. Desmolde el *nougat* y córtelo en 16 cuadrados. Sírvalo o refrigérelo 5 días como máximo en un recipiente hermético.

Bombones de crema de cacahuete

Para:	36 unidades
Preparación:	25 minutos
Cocción:	5 minutos
Reposo:	4-6 horas

En esta receta los bombones llevan una cobertura de chocolate negro, pero, si lo prefiere, puede recubrirlos con chocolate con leche, blanco o una combinación de las tres variedades.

250 g de crema de cacahuete (cacahuate, maní)

55 g de mantequilla

20 g de arroz hinchado

200 g de azúcar glas (impalpable)

200 g de chocolate negro troceado

1. Forre 2 bandejas de horno con papel vegetal. Derrita en un cazo de base gruesa la crema de cacahuete con la mantequilla.

2. Ponga el arroz hinchado y el azúcar glas en un bol. Incorpore la crema de cacahuete y la mantequilla derretidas. Cuando la pasta se haya enfriado lo suficiente para poder manipularla, forme bolitas de 2,5 cm y repártalas entre las bandejas. Refrigérelas 3 o 4 horas, o hasta que adquieran consistencia.

3. Ponga el chocolate en un bol refractario, encájelo en la boca de un cazo con agua hirviendo a fuego bajo, sin que llegue a tocarla, y espere a que se derrita.

4. Con una cucharilla, sumerja las bolitas en el chocolate de una en una, de modo que queden bien recubiertas, sáquelas y devuélvalas a las bandejas. Refrigérelas 1 o 2 horas, o hasta que el chocolate cuaje. Sírvalas o refrigérelas 5 días como máximo en un recipiente hermético.

Caramelos de pacanas con sal marina

Para: 12 unidades
Preparación: 15 minutos
Cocción: 10-15 minutos
Reposo: 10 minutos

Si lo prefiere, sustituya las pacanas por nueces, almendras peladas enteras o anacardos.

55 g de pacanas (nueces pecán o de cáscara de papel)

300 g de azúcar

175 ml de agua

2 cucharaditas de sal marina

1. Precaliente el gratinador a temperatura media.

2. Tueste las pacanas bajo el gratinador en la bandeja del horno durante unos 3 o 4 minutos, o hasta que se doren, dándoles la vuelta a la mitad de la cocción. Repártalas entre los huecos de un molde de silicona para 12 minimagdalenas.

3. Ponga el azúcar y el agua en un cazo. Caliéntelo a fuego lento hasta que el azúcar se disuelva, inclinando el cazo para mezclar los ingredientes, hasta que el almíbar esté a punto de caramelo y adquiera un tono marrón claro uniforme. Déjelo en el fuego hasta que empiece a oscurecerse un poco más, con cuidado de que no se queme. Esparza la sal marina por encima.

4. Pase el caramelo a una jarra y repártalo entre los huecos del molde. Deje enfriar los caramelos durante 10 minutos, o hasta que se endurezcan. Desmóldelos. Sírvalos o guárdelos 5 días como máximo en un recipiente hermético en un lugar frío y seco.

Golosinas de caramelo

Palomitas al caramelo

Para: 200 g
Preparación: 15 minutos
Cocción: 5-10 minutos

Estas palomitas son muy divertidas para los cumpleaños infantiles. Para los adultos puede condimentarlas con un poco de cayena molida.

25 g de mantequilla

55 g de maíz (elote, choclo) para palomitas

CARAMELO

40 g de mantequilla

55 g de azúcar moreno

2 cucharadas de jarabe de caña

1. Derrita la mantequilla en una cazuela de base gruesa. Esparza el maíz e incline la cazuela para que se impregne bien con la grasa.

2. Tape la cazuela herméticamente, baje el fuego y deje que el maíz comience a saltar. Sacuda la cazuela un par de veces para remover los granos de la base que no hayan saltado. En cuanto el maíz deje de saltar, aparte la cazuela del fuego y, sin destaparla, deje reposar las palomitas.

3. Para preparar el caramelo, derrita la mantequilla en un cazo. Añada el azúcar y el jarabe de caña y caliéntelo, removiendo, un par de minutos o hasta que el azúcar se disuelva.

4. Reparta el caramelo sobre las palomitas, tape de nuevo la cazuela y sacúdala bien. Déjelo enfriar un poco y sírvalo enseguida.

Galleta de jarabe de caña

Para: unas 20 unidades
Preparación: 15 minutos
Cocción: 10-15 minutos
Reposo: 5 minutos

Esta galleta crujiente queda deliciosa partida en trocitos o desmenuzada sobre el helado.

un poco de aceite de girasol, para untar

175 g de azúcar

100 g de jarabe de caña

100 g de mantequilla en dados

2 cucharaditas de bicarbonato

1. Unte con un poco de aceite un molde de horno cuadrado de 20 cm.

2. Ponga el azúcar, el jarabe de caña y la mantequilla en un cazo de base gruesa. Caliéntelo a fuego bajo hasta que el azúcar se disuelva, inclinando el cazo para mezclar los ingredientes. Suba la temperatura y déjelo hervir 4 o 5 minutos, o hasta que empiece a tomar color.

3. Añada el bicarbonato y remueva unos segundos, con cuidado ya que la pasta aumentará de tamaño y burbujeará.

4. Pase la pasta al molde. Déjela enfriar 5 minutos, o hasta que cuaje. Parta la galleta en trocitos. Sírvalos o guárdelos 2 días como máximo en un recipiente hermético en un lugar frío y seco.

Bocaditos de arándanos, nubes de azúcar y sésamo

Para: 20 unidades
Preparación: 15 minutos
Cocción: 20 minutos

Estos bocaditos se preparan con antelación. Sírvalos con el café o, si va a comer fuera, lléveselos en una fiambrera.

150 g de copos de avena

55 g de semillas de sésamo

40 g de azúcar moreno

35 g de nubes de azúcar pequeñas

70 g de arándanos rojos secos

8 cucharadas de miel fluida

5 cucharadas de aceite de girasol, y un poco más para untar

unas gotas de esencia de vainilla

1. Precaliente el horno a 160 °C. Unte con un poco de aceite un molde de 28 x 18 cm. Forre la base con papel vegetal.

2. Ponga en un bol la avena, el sésamo, los dos tipos de azúcar, las nubes y los arándanos, y remueva. Haga un hueco en el centro, eche la miel, el aceite y la vainilla, y mézclelo.

3. Pase la pasta en al molde y alísela con una cuchara metálica. Cuézala en el horno precalentado 20 minutos, o hasta que se dore y burbujee.

4. Deje enfriar la pasta 10 minutos en el molde y, después, córtela en cuadraditos. Cuando se hayan enfriado del todo, desmóldelos. Sírvalos o guárdelos 2 días como máximo en un recipiente hermético en un lugar frío y seco.

Guirlache de anacardos

Para: unas 20 unidades
Preparación: 15 minutos
Cocción: 25-30 minutos

150 g de anacardos (castañas de cajú, nueces de la India) tostados y salados

350 g de azúcar

¼ de cucharadita de crémor

175 ml de agua

15 g de mantequilla

Este rico guirlache se prepara en un santiamén y gusta a todo el mundo. Si lo prefiere, sustituya los anacardos por cacahuetes tostados.

1. Forre un molde de horno cuadrado de 20 cm con papel vegetal.

2. Esparza uniformemente los anacardos en el molde.

3. Ponga en un cazo de base gruesa el azúcar, el crémor y el agua. Llévelo a ebullición a fuego medio, sin dejar de remover.

4. Baje el fuego y hiérvalo de 20 a 25 minutos sin remover, hasta que alcance una temperatura de 143 °C en el termómetro para azúcar. Incorpore la mantequilla y, después, eche el caramelo sobre los anacardos. Déjelo enfriar del todo.

5. A continuación, parta el guirlache en trocitos. Sírvalo o guárdelo 2 días como máximo en un recipiente hermético en un lugar frío y seco.

Piruletas de pistacho y orejones

Para: 12 unidades
Preparación: 25 minutos
Cocción: 25-30 minutos
Reposo: 5 minutos

Estas piruletas de pistacho y orejones tienen un sabor exótico y una textura que gustará tanto a niños como a mayores.

250 g de azúcar

¼ de cucharadita de crémor

150 ml de agua

2 cucharadas de pistachos picados

1 cucharada de orejones de albaricoque (damasco) picados

1 cucharada de pétalos de rosa secos (opcional)

1 pizca generosa de cardamomo molido

1. Forre la bandeja del horno con papel vegetal. Disponga 12 palitos de piruleta en la bandeja de modo que queden bien espaciados.

2. Ponga en un cazo de base gruesa el azúcar, el crémor y el agua. Llévelo a ebullición a fuego medio, sin dejar de remover.

3. Baje el fuego y hiérvalo de 20 a 25 minutos sin remover, hasta que alcance una temperatura de 143 °C en el termómetro para azúcar.

4. Aparte el cazo del fuego e incorpore los pistachos, los orejones, los pétalos de rosa y el cardamomo.

5. Trabajando muy deprisa, deje caer una cucharadita colmada del caramelo sobre un extremo de cada palito de piruleta. Déjelo cuajar 5 minutos, hasta que se endurezca. Sirva las piruletas o guárdelas 2 días como máximo en un recipiente hermético en un lugar frío y seco.

Caramelos de fudge de vainilla

Para:	16 unidades
Preparación:	15 minutos
Cocción:	10-15 minutos
Reposo:	1 hora

Con cinco ingredientes sencillos obtendrá unos riquísimos caramelos para chuparse los dedos. Tenga precaución al remover el caramelo, ya que alcanza temperaturas muy elevadas.

un poco de aceite de girasol, para untar

450 g de azúcar

85 g de mantequilla

150 ml de leche

150 ml de leche evaporada

2 cucharaditas de esencia de vainilla

1. Unte con un poco de aceite un molde de horno cuadrado de 20 cm. Fórrelo con papel vegetal, haciendo un corte al bies en los extremos y presionándolo de modo que quede bien adherido a la base y los bordes.

2. Ponga en un cazo de base gruesa el azúcar, la mantequilla, la leche y la leche evaporada. Caliéntelo a fuego bajo, removiendo, hasta que el azúcar se haya disuelto.

3. Suba el fuego y hiérvalo de 12 a 15 minutos, o hasta que el caramelo alcance una temperatura de 116 °C en el termómetro para azúcar (si no dispone de este utensilio, deje caer un poco de caramelo en un bol de agua con hielo; si está a la temperatura adecuada, se formará una bola blanda). A medida que aumente la temperatura, vaya removiendo el caramelo para que el azúcar no se pegue ni se queme. Aparte el cazo del fuego, añada la vainilla y bátalo con una cuchara de madera hasta que se espese.

4. Pase el *fudge* al molde y alíselo con una espátula. Déjelo enfriar durante 1 hora, o hasta que cuaje. Desmóldelo, retire el papel y córtelo en cuadraditos. Sirva los caramelos o guárdelos 2 semanas como máximo en un recipiente hermético en un lugar frío y seco.

Caramelos de fudge de chocolate al whisky

Para:	16 unidades
Preparación:	15 minutos
Cocción:	10-15 minutos
Reposo:	2-3 horas

Si le apasionan el chocolate y el whisky, este es el dulce perfecto para usted. Si lo prefiere, sustituya el whisky por un brandy de buena calidad.

un poco de aceite de girasol, para untar

250 g de azúcar moreno

100 g de mantequilla en dados

400 g de leche condensada

2 cucharadas de jarabe de glucosa

150 g de chocolate negro troceado

50 ml de whisky escocés

25 g de nueces en mitades

1. Unte con un poco de aceite un molde de horno cuadrado de 20 cm. Fórrelo con papel vegetal, haciendo un corte al bies en los extremos y presionándolo de modo que quede bien adherido a la base y los bordes.

2. Ponga en un cazo de base gruesa el azúcar, la mantequilla, la leche condensada y la glucosa. Caliéntelo a fuego bajo, removiendo, hasta que el azúcar se disuelva. Suba el fuego y hiérvalo de 12 a 15 minutos, o hasta que el caramelo alcance 116 °C en el termómetro para azúcar (si no dispone de este utensilio, deje caer un poco de caramelo en un bol de agua con hielo; si está a la temperatura adecuada, se formará una bola blanda). A medida que aumente la temperatura, remueva el caramelo para que el azúcar no se pegue ni se queme. Aparte el cazo del fuego. Añada el chocolate y el whisky y remueva hasta que el chocolate se derrita y se forme una crema homogénea.

3. Precaliente el gratinador a temperatura media. Ponga las nueces en la bandeja del horno y tuéstelas 2 o 3 minutos, o hasta que se doren. Trocéelas.

5. Pase el *fudge* al molde, alíselo con una espátula y reparta las nueces por encima. Déjelo enfriar 1 hora. Tápelo con film transparente y refrigérelo un par de horas, o hasta que adquiera consistencia. Desmóldelo, retire el papel y córtelo en cuadraditos. Sirva los caramelos o guárdelos 2 semanas como máximo en un recipiente hermético en un lugar frío y seco.

Caramelos de fudge con galletitas saladas

Para:	16 unidades
Preparación:	15 minutos
Cocción:	8-10 minutos
Reposo:	2-3 horas

El contraste de las galletitas saladas, el chocolate y la leche condensada hacen irresistibles estos caramelos, que además son muy fáciles de hacer.

175 g de galletitas saladas de aperitivo

un poco de aceite de girasol, para untar

25 g de mantequilla en dados

300 g de pepitas de chocolate con leche

400 g de leche condensada

1 cucharadita de esencia de vainilla

1. Trocee 55 g de las galletas saladas.

2. Unte con un poco de aceite un molde de horno cuadrado de 24 cm. Fórrelo con papel vegetal, haciendo un corte al bies en los extremos y presionándolo de modo que quede bien adherido a la base y los bordes. Deje que sobresalga 5 cm por los lados.

3. Ponga en un bol refractario la mantequilla en dados, el chocolate, la leche condensada y la vainilla. Encájelo en la boca de una cazuela con agua hirviendo a fuego bajo y caliéntelo, removiendo de vez en cuando, de 8 a 10 minutos, o hasta que el chocolate empiece a derretirse y obtenga una crema homogénea y tibia, pero no caliente. Apártelo del calor e incorpore las galletas troceadas.

4. Pase el *fudge* al molde, alíselo con una espátula y presione las galletas saladas restantes por encima. Déjelo enfriar durante 1 hora. Tápelo con film transparente y refrigérelo un par de horas, o hasta que adquiera consistencia.

5. Desmolde el *fudge*, retire el papel y córtelo en cuadraditos. Sirva los caramelos o guárdelos 2 semanas como máximo en un recipiente hermético en un lugar frío y seco.

golosinas de chocolate

Piel de naranja confitada con chocolate

Para:	36 unidades
Preparación:	55 minutos
Cocción:	1 hora
Reposo:	2-4 horas

Si quiere quedar bien, regale estas tiras de piel de naranja confitada recubiertas de chocolate negro. O, si lo prefiere, sírvalas con el café, son exquisitas.

3 naranjas grandes

200 g de azúcar

200 ml de agua

200 g de chocolate negro troceado

1. Con un cuchillo afilado, pele las naranjas y retire toda la membrana blanca que haya quedado adherida a la piel. Corte la piel en tiras de 36 x 6 x 1 cm y deseche la que sobre.

2. Ponga agua a hervir en un cazo, eche la piel de naranja y hiérvala unos 10 minutos. A continuación, escúrrala y enjuáguela con agua fría. Vierta más agua en el cazo y llévela de nuevo a ebullición. Devuelva la piel de naranja al cazo y hiérvala otros 10 minutos más. Repita este proceso una vez más.

3. Ponga el azúcar y el agua en un cazo de base gruesa. Llévelo a ebullición y cuézalo a fuego bajo, removiendo, 5 minutos o hasta que el azúcar se disuelva y el almíbar se reduzca un poco. Eche la piel de naranja y déjela confitar 15 minutos. Pase la piel confitada a una rejilla metálica y déjela enfriar un par de horas, o toda la noche. Forre la bandeja del horno con papel vegetal.

4. Ponga el chocolate en un bol refractario, encájelo en la boca de un cazo con agua hirviendo a fuego bajo, sin que llegue a tocarla, y espere a que se derrita.

5. Sumerja un tercio de cada tira de piel de naranja confitada en el chocolate y póngalas en la bandeja. Déjelo enfriar un par de horas, o hasta que el chocolate cuaje. Sírvalo o guárdelo 5 días como máximo en un recipiente hermético en un lugar frío y seco.

Bocaditos de chocolate y caramelo a la sal

Para: 20 unidades
Preparación: 30 minutos
Cocción: 35-40 minutos

La sal marina y el caramelo crean un agradable contraste realzado en este caso con las nueces.

un poco de aceite de girasol, para untar

200 g de chocolate negro troceado

150 g de mantequilla

2 huevos

175 g de azúcar moreno

55 g de harina

1 cucharadita de levadura en polvo

55 g de nueces troceadas

6 cucharadas de dulce de leche

1 cucharada de sal marina

1. Precaliente el horno a 170 °C. Unte con un poco de aceite un molde de horno cuadrado de 20 cm. Fórrelo con papel vegetal, haciendo un corte al bies en los extremos y presionándolo de modo que quede bien adherido a la base y los bordes.

2. Ponga el chocolate con la mantequilla en un bol refractario, encájelo en la boca de un cazo con agua hirviendo a fuego bajo, sin que llegue a tocarla, y espere a que se derrita, removiendo de vez en cuando.

3. Ponga los huevos y el azúcar en un bol y tamice la harina y la levadura por encima. Incorpore el chocolate derretido y bátalo todo hasta obtener una pasta homogénea. Añada las nueces y remueva bien. Eche la pasta en el molde y alísela con una espátula.

4. Ponga el dulce de leche en un cuenco, bátalo y déjelo caer sobre la pasta de chocolate con una cuchara. Espolvoree la sal por encima y cueza el bizcocho en el horno de 30 a 35 minutos, o bien hasta que empiece a desprenderse un poco de los bordes del molde. Déjelo enfriar 1 hora.

5. Desmolde el bizcocho, retire el papel y córtelo en cuadraditos. Sírvalo o guárdelo 2 días como máximo en un recipiente hermético en un lugar frío y seco.

Fresas con chocolate blanco y negro

Para:	24 unidades
Preparación:	10 minutos
Cocción:	3-4 minutos
Reposo:	1 hora

El chocolate siempre aporta un toque especial a los dulces, y en esta divertida receta se acompaña además de unas jugosas fresas. Si lo desea puede prepararla con varias horas de antelación.

100 g de chocolate negro troceado

100 g de chocolate blanco troceado

24 fresas (frutillas) grandes

1. Forre la bandeja del horno con papel vegetal. Ponga los dos tipos de chocolate en 2 boles refractarios separados, encájelos en la boca de un cazo con agua hirviendo a fuego lento, sin que lleguen a tocarla, y espere a que se derritan.

2. Sumerja el extremo de cada fresa en el chocolate y póngalas en la bandeja. Déjelas enfriar 1 hora, o hasta que el chocolate cuaje.

3. Ponga las fresas en copas de licor o en un plato y sírvalas enseguida.

Miniflorentinas de arándanos rojos al jengibre

Para:	48 unidades
Preparación:	30 minutos
Cocción:	15-20 minutos
Reposo:	2 horas

Estas galletitas crujientes y masticables típicas de Italia son ideales para regalar.

70 g de azúcar mascabado

55 g de miel fluida

100 g de mantequilla, y un poco más para untar

50 g de coco rallado

70 g de almendra fileteada

1 cucharada de piel (cáscara) de cítricos confitada picada

1 cucharada de jengibre confitado picado

100 g de arándanos rojos secos

50 g de harina, y un poco más para espolvorear

250 g de chocolate negro troceado

1. Precaliente el horno a 180 °C. Unte con un poco de mantequilla los huecos de 4 moldes para 12 minimagdalenas (deben tener 2 cm de diámetro en la base) y espolvoréelos con un poco de harina.

2. Ponga en un bol refractario el azúcar, la miel y la mantequilla. Caliéntelo a fuego bajo, removiendo, hasta que se disuelva el azúcar, inclinando el cazo para mezclar los ingredientes. Incorpore el coco, la almendra, la piel confitada, el jengibre, los arándanos y la harina.

3. Reparta la pasta a cucharaditas entre los moldes. Cueza las florentinas en el horno precalentado de 10 a 12 minutos, o hasta que se doren bien. Déjelas enfriar 1 hora en los moldes. Con una espátula, pase las galletas a una rejilla metálica para que se endurezcan.

4. Mientras tanto, ponga el chocolate en un bol refractario, encájelo en la boca de un cazo con agua hirviendo a fuego lento, sin que llegue a tocarla, y espere a que se derrita.

5. Sumerja la base de las florentinas en el chocolate de modo que quede bien recubierta. Póngalas en una rejilla metálica, con la parte del chocolate hacia arriba, y déjelas reposar 1 hora para que se endurezcan. Sírvalas o guárdelas 2 días como máximo en un recipiente hermético en un lugar frío y seco.

Minimerengues de chocolate

Para: 40 unidades
Preparación: 40 minutos
Cocción: 50 minutos
Reposo: 2 horas

Estos finos merengues recubiertos de chocolate, que se deshacen en la boca, constituyen un delicioso tentempié o un magnífico regalo.

3 claras de huevo

1 cucharadita de vinagre de frambuesa

150 g de azúcar

1 cucharadita de maicena

2 cucharadas de cacao en polvo tamizado

200 g de chocolate negro troceado

1. Precaliente el horno a 160 °C. Forre 3 bandejas de horno con papel vegetal.

2. Monte las claras a punto de nieve en un bol grande bien limpio. Incorpore el vinagre poco a poco y el azúcar a cucharadas, y siga batiendo hasta obtener una pasta espesa y brillante. Con una cuchara metálica grande, incorpore con suavidad la maicena y el cacao.

3. Introduzca la pasta en la manga pastelera provista de una boquilla de estrella de 2,5 cm de diámetro y disponga 40 rosetas en las bandejas.

4. Meta las bandejas en el horno y, enseguida, baje la temperatura a 120 °C. Cueza los pastelitos 45 minutos, o hasta que estén crujientes por fuera. Páselos a una rejilla metálica, sin despegarlos del papel, y déjelos enfriar 1 hora. A continuación, retire el papel.

5. Mientras tanto, ponga el chocolate en un bol refractario, encájelo en la boca de un cazo con agua hirviendo a fuego bajo, sin que llegue a tocarla, y espere a que se derrita.

6. Forre de nuevo las bandejas de horno con papel vegetal. Sumerja la base de los pastelitos en el chocolate de modo que quede bien recubierta, y colóquelos en las bandejas con la parte del chocolate hacia arriba. Déjelos cuajar 1 hora. Sirva los merengues o guárdelos 2 semanas como máximo en un recipiente hermético en un lugar frío y seco.

Chocolate blanco con frutos secos y caramelo de menta

Para:	unas 25 unidades
Preparación:	20 minutos
Cocción:	3-4 minutos
Reposo:	30 minutos

Este dulce gustará a niños y no tan niños. Si no encuentra bastoncitos de caramelo con sabor a menta, sustitúyalos por cualquier otra variedad de caramelos de menta.

200 g de bastoncitos de caramelo con sabor a menta de rayas rojas y blancas troceados

500 g de chocolate blanco troceado

100 g de frutos secos picados

1. Forre un molde para horno de 30 x 20 cm con papel vegetal.

2. Meta los bastoncillos de caramelo troceados en una bolsa grande de plástico de uso alimentario y ciérrela bien. Pase el rodillo de cocina sobre la bolsa hasta que los caramelos queden triturados.

3. Ponga el chocolate en un bol refractario, encájelo en la boca de un cazo con agua hirviendo a fuego bajo, sin que llegue a tocarla, y espere a que se derrita. Apártelo del calor e incorpore tres cuartas partes del caramelo triturado.

4. Pase el chocolate al molde, alíselo con una espátula y esparza los frutos secos y el caramelo restante por encima. Presione ambos ingredientes con suavidad para que se adhieran bien. Tápelo con film transparente y refrigérelo 30 minutos, o hasta que adquiera consistencia.

5. Parta el chocolate en trocitos desiguales. Sírvalo o guárdelo 2 semanas como máximo en un recipiente hermético en un lugar frío y seco.

Minidonuts de chocolate

Para: 50 unidades
Preparación: 30 minutos
Cocción: 1½-2 horas

Estos minidonuts pueden servirse espolvoreados con azúcar en lugar de bañarlos en chocolate.

500 g de harina, y un poco más para espolvorear

1 cucharadita de levadura en polvo

90 g de azúcar

2 huevos

2 cucharadas de aceite de girasol, y un poco más para freír

200 ml de leche

100 g de chocolate negro troceado

1. Espolvoree la encimera con un poco de harina. Tamice en un bol la harina y la levadura. Añada el azúcar y remueva.

2. Ponga en otro bol los huevos, las 2 cucharadas del aceite y la leche, y bátalo un poco. Páselo al bol con la harina. Con una cuchara de madera, trabaje los ingredientes hasta obtener una masa homogénea y vuélquela en la encimera enharinada. Con el rodillo enharinado, extienda la masa en una lámina de 1 cm de grosor. Enharine un cortapastas redondo de 4 cm y otro de 1 cm de diámetro. Corte redondeles de masa con el más grande y, con el pequeño, recorte la parte central de los donuts. Amase los restos de masa y vuelva a extenderlos y a cortarlos hasta obtener 50 donuts.

3. Caliente el aceite en la sartén hasta que alcance una temperatura de 180 °C, o hasta que al echar un trocito de pan se dore enseguida. Ponga un trozo de papel de cocina en un plato. Con cuidado, sumerja 2 o 3 donuts en el aceite caliente y fríalos durante 3 o 4 minutos, hasta que se doren y estén hechos. Déjelos escurrir sobre el papel de cocina y deje que se enfríen. Fría los donuts restantes del mismo modo.

4. Ponga el chocolate en un bol refractario, encájelo en la boca de un cazo con agua hirviendo a fuego lento, sin que llegue a tocarla, y espere a que se derrita. Sumerja la parte superior de los donuts en el chocolate y déjelos reposar 1 hora en una rejilla metálica. Sírvalos enseguida.

Bigotes de chocolate

Para: 6 unidades
Preparación: 10 minutos
Cocción: 3-4 minutos
Reposo: 1 hora

250 g de chocolate negro troceado

Estos bigotes de chocolate negro harán las delicias del distinguido caballero o del rey de la casa. Son ideales para las fiestas: ¡seguro que todo el mundo querrá hacerse una foto con ellos!

1. Ponga el chocolate en un bol refractario, encájelo en la boca de un cazo con agua hirviendo a fuego lento, sin que llegue a tocarla, y espere a que se derrita. Déjelo enfriar unos minutos.

2. Reparta el chocolate derretido en 6 moldes en forma de bigote de 100 ml de capacidad.

3. Hinque un palito de piruleta en cada bigote. Refrigérelos 1 hora, o hasta que el chocolate cuaje. Desmóldelos con cuidado. Sírvalos o guárdelos 2 semanas como máximo en un recipiente hermético en un lugar frío y seco.

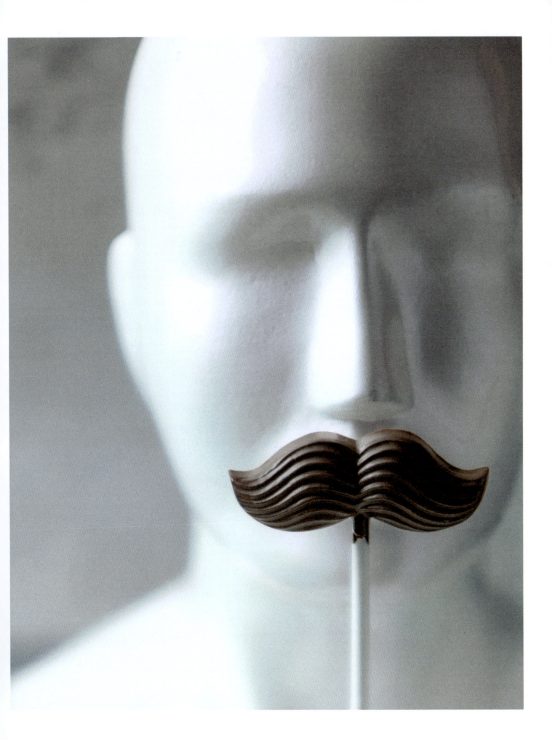

Golosinas para la sobremesa

Bocaditos de chocolate y menta

Para: 25 unidades
Preparación: 30 minutos
Reposo: 25 horas

La combinación de chocolate y menta es todo un clásico. Estos bocaditos son muy refrescantes, ideales para terminar una buena cena.

la clara de 1 huevo grande

325 g de azúcar glas (impalpable) tamizado, y un poco más si fuera necesario

unas gotas de esencia de menta

unas gotas de colorante alimentario verde

100 g de chocolate negro troceado

1. Forre la bandeja del horno con papel vegetal.

2. Monte un poco la clara de huevo en un bol grande y limpio hasta que esté espumosa pero aún translúcida.

3. Añada el azúcar glas tamizado y remueva con una cuchara de madera hasta obtener una pasta. Incorpore la esencia de menta y el colorante con las manos.

4. Con las palmas de las manos, forme bolitas del tamaño de una nuez y póngalas en la bandeja forrada. Aplánelas con un tenedor y, si este se pegara a la pasta, páselo antes por azúcar glas. Refrigere los bocaditos 24 horas.

5. Ponga el chocolate en un bol refractario, encájelo en la boca de un cazo con agua hirviendo a fuego lento, sin que llegue a tocarla, y espere a que se derrita. Sumerja la mitad de cada bocadito en el chocolate, devuélvalos a la bandeja y refrigérelos 1 hora más, o hasta que el chocolate cuaje. Sírvalos o refrigérelos unos 5 días como máximo en un recipiente hermético.

Trufas al amaretto

Para:	12 unidades
Preparación:	30 minutos
Remojo:	6-8 horas
Cocción:	5-10 minutos
Reposo:	1-2 horas

Estas exquisiteces son muy fáciles de preparar y quedan muy elegantes para regalar. Si lo prefiere, sustituya el amaretto por cualquier otro licor.

55 g de pasas sultanas

50 ml de amaretto

100 g de chocolate negro troceado

2 cucharadas de nata (crema) extragrasa

70 g de bizcocho de chocolate o *brownie* desmenuzado

100 g de avellanas peladas

55 g de fideos de chocolate

1. Ponga las pasas y el amaretto en un bol, tápelo y déjelas en remojo de 6 a 8 horas. Forre la bandeja del horno con papel vegetal.

2. Triture las pasas con el licor en el robot de cocina.

3. Ponga el chocolate y la nata en un bol refractario, encájelo en la boca de un cazo con agua hirviendo a fuego bajo, sin que llegue a tocarla, y espere a que se derrita. Apártelo del calor, añada las pasas trituradas y el bizcocho de chocolate y remueva bien.

4. Con las palmas de las manos, forme bolitas con la pasta y colóquelas en la bandeja forrada.

5. Precaliente el gratinador a temperatura media. Ponga las avellanas en otra bandeja y tuéstelas bajo el gratinador 2 o 3 minutos, o hasta que se doren, removiéndolas a la mitad de la cocción. Píquelas.

6. Extienda los fideos de chocolate en un plato y las avellanas picadas en otro. Reboce las trufas primero por el chocolate y, después, por las avellanas. Devuélvalas a la bandeja, tápelas con papel vegetal y refrigérelas un par de horas, o hasta que se endurezcan. Sírvalas o refrigérelas 5 días como máximo en un recipiente hermético.

Bombones de chocolate blanco al limón

Para:	12 unidades
Preparación:	40 minutos
Cocción:	5-10 minutos
Reposo:	13-18 horas

Si le apetece dar un toque oriental a estos tentadores bombones de chocolate blanco, condimente la crema de chocolate con una pizca generosa de cardamomo y anís estrellado molidos.

- 300 g de chocolate blanco troceado
- 2 cucharadas de nata (crema) extragrasa
- la ralladura fina de 1 limón
- 2 cucharadas de limoncello
- 55 g de mantequilla ablandada y en dados
- 25 g de pistachos picados

1. Ponga 100 g del chocolate y toda la nata en un bol refractario, encájelo en la boca de un cazo con agua hirviendo a fuego lento, sin que llegue a tocarla, y espere a que se derrita.

2. Apártelo del calor, añada la ralladura de limón, el limoncello y la mantequilla, y bátalo 3 o 4 minutos, o hasta que gane cuerpo. Pase la crema de chocolate a un recipiente hermético y refrigérela de 6 a 8 horas, o hasta que adquiera consistencia.

3. Forre la bandeja del horno con papel vegetal. Tome cucharaditas de la crema de chocolate y, con las palmas de las manos, forme bolitas del tamaño de un bombón. Coloque las bolitas en la bandeja, tápelas con film transparente y congélelas de 6 a 8 horas.

4. Ponga el chocolate restante en un bol refractario, encájelo en la boca de un cazo con agua hirviendo a fuego lento, sin que llegue a tocarla, y espere a que se derrita. Con 2 tenedores, sumerja las bolitas en el chocolate de modo que queden bien recubiertas. Devuélvalas a la bandeja, esparza los pistachos picados por encima y refrigere los bombones un par de horas, o hasta que se endurezcan. Sírvalos o refrigérelos 5 días como máximo en un recipiente hermético.

Bombones de moca

Para: 12 unidades
Preparación: 40 minutos
Cocción: 5-10 minutos
Reposo: 13-18 horas

Para dar un toque distinto a estos bombones de chocolate, sustituya el licor de café por crema de whisky o licor de naranja de buena calidad.

300 g de chocolate negro troceado

2 cucharadas de nata (crema) extragrasa

1 cucharada de café exprés enfriado

2 cucharadas de licor de café

55 g de mantequilla ablandada y en dados

pan de oro comestible, para adornar (opcional)

1. Ponga 100 g del chocolate y toda la nata en un bol refractario, encájelo en la boca de un cazo con agua hirviendo a fuego lento, sin que llegue a tocarla, y espere a que se derrita.

2. Apártelo del calor, añada el café, el licor y la mantequilla, y bátalo 3 o 4 minutos, o hasta que gane cuerpo. Pase la crema de chocolate a un recipiente hermético y refrigérela de 6 a 8 horas, o hasta que adquiera consistencia.

3. Forre la bandeja del horno con papel vegetal. Tome cucharaditas de la crema de chocolate y, con las palmas de las manos, forme bolitas del tamaño de un bombón. Ponga las bolitas en la bandeja, tápelas con film transparente y congélelas de 6 a 8 horas.

4. Ponga el chocolate restante en un bol refractario, encájelo en la boca de un cazo con agua hirviendo a fuego lento, sin que llegue a tocarla, y espere a que se derrita. Con 2 tenedores, sumerja las bolitas en el chocolate de modo que queden bien recubiertas. Devuélvalas a la bandeja y refrigérelas durante un par de horas, o hasta que se endurezcan. Si lo desea, adorne los bombones con pan de oro comestible. Sírvalos o refrigérelos 5 días como máximo en un recipiente hermético.

Grageas de chocolate a la guindilla y cardamomo

Para:	40 unidades
Preparación:	30 minutos
Cocción:	5-10 minutos
Reposo:	1-2 horas

Esta receta es tan sencilla que es ideal para que la preparen los niños. En una caja decorada estas grageas de chocolate son un bonito presente.

GRAGEAS DE CHOCOLATE NEGRO

200 g de chocolate negro troceado

1 pizca generosa de guindilla (ají picante, pimiento chico, chile) molida

purpurina comestible, para adornar

GRAGEAS DE CHOCOLATE BLANCO AL CARDAMOMO

200 g de chocolate blanco troceado

½ cucharadita de cardamomo molido

25 g de pistachos picados, y un poco más para adornar

purpurina comestible, para adornar

1. Forre 4 bandejas de horno con papel vegetal.

2. Para preparar las grageas de chocolate negro, ponga el chocolate en un bol refractario, encájelo en la boca de un cazo con agua hirviendo a fuego lento, sin que llegue a tocarla, y espere a que se derrita. Apártelo del fuego e incorpore la guindilla.

3. Disponga cucharaditas del chocolate en 2 bandejas. Adorne las grageas con un poco de purpurina antes de que el chocolate cuaje. Déjelas cuajar en un lugar frío, que no sea el frigorífico, un par de horas.

4. Para preparar las grageas de chocolate blanco al cardamomo, ponga el chocolate en un bol refractario, encájelo en la boca de un cazo con agua hirviendo a fuego lento, sin que llegue a tocarla, y espere a que se derrita. Apártelo del fuego e incorpore el cardamomo y los pistachos.

5. Disponga cucharaditas del chocolate en las otras 2 bandejas. Adorne las grageas con pistachos picados y un poco de purpurina antes de que el chocolate cuaje. Déjelas cuajar en un lugar frío, que no sea el frigorífico, un par de horas. Sírvalas o guárdelas 5 días como máximo en un recipiente hermético en un lugar frío y seco.

Minimacarons

Para: 20 unidades
Preparación: 1¼ horas
Cocción: 30-35 minutos
Reposo: 1-2 horas

Sea meticuloso con las medidas de los ingredientes cuando prepare esta receta, ya que las proporciones tienen que ser exactas.

125 g de azúcar glas (impalpable) tamizado

125 g de almendra molida

las claras de 2 huevos grandes (90 g)

110 g de azúcar

3 cucharadas de agua

unas gotas de colorante alimentario rosa

CREMA DE MANTEQUILLA

140 g de mantequilla ablandada

280 g de azúcar glas (impalpable) tamizado

1-2 cucharadas de leche

unas gotas de esencia de vainilla

1. Precaliente el horno a 150 °C. Forre 3 bandejas de horno grandes con papel vegetal.

2. Ponga en un bol grande el azúcar glas, la almendra y 40 g de la clara de huevo, y mézclelo con una cuchara de madera hasta obtener una pasta.

3. Ponga el azúcar y el agua en un cazo de base gruesa. Caliéntelo a fuego bajo 5 minutos, hasta que el azúcar se disuelva, inclinando el cazo para mezclar los ingredientes. Suba el fuego y hierva el almíbar de 12 a 15 minutos, o hasta que alcance los 115 °C en el termómetro para azúcar y se espese.

4. Monte la clara restante a punto de nieve en un bol grande y vierta el almíbar caliente poco a poco hasta obtener una pasta satinada. Incorpórelo a la pasta de almendra y remueva con suavidad hasta que la pasta gane cuerpo y recupere el tono satinado. Añada el colorante y mézclelo bien.

5. Introduzca la pasta de almendra en la manga pastelera con boquilla de 2 cm de diámetro y disponga de forma espaciada 40 rosetas en las bandejas. Déjelas reposar 30 minutos, o hasta que se sequen un poco por fuera. Cueza la base de los *macarons* en el horno precalentado de 12 a 15 minutos, con la puerta entornada, hasta que estén consistentes.

6. Para preparar la crema de mantequilla, bata la mantequilla en un bol grande hasta que se ablande. Tamice la mitad del azúcar glas por encima y bátalo de nuevo hasta obtener una crema homogénea. Añada el azúcar glas restante, 1 cucharada de la leche y toda la esencia de vainilla, y bátala hasta que esté cremosa. Si fuera necesario, agregue un poco más de azúcar glas para espesarla o de leche para diluirla. Introduzca la crema de mantequilla en la manga pastelera con boquilla grande en forma de estrella.

7. Pase la base de los *macarons*, sin despegarla del papel, a una rejilla metálica. Déjelas enfriar un par de horas y, después, retire el papel. Disponga una roseta de crema de mantequilla sobre la mitad de las bases y cubra el relleno con las restantes. Los *macarons* pueden guardarse sin rellenar 5 días como máximo en un recipiente hermético en un lugar frío y seco.

Macarons de dulce de leche

Para:	20 unidades
Preparación:	1¼ horas
Cocción:	30-35 minutos
Reposo:	1-2 horas

Encontrará dulce de leche en supermercados especializados. Si lo prefiere, rellene las galletas de crema de chocolate con avellanas.

1 cucharadita de jengibre molido

125 g de azúcar glas (impalpable) tamizado

125 g de almendra molida

las claras de 2 huevos grandes (90 g)

110 g de azúcar

3 cucharadas de agua

10 cucharadas de dulce de leche

1. Precaliente el horno a 150 °C. Forre 3 bandejas de horno grandes con papel vegetal.

2. Ponga en un bol grande el jengibre, el azúcar glas, la almendra y 40 g de la clara de huevo, y mézclelo con una cuchara de madera hasta obtener una pasta.

3. Ponga el azúcar y el agua en un cazo de base gruesa. Caliéntelo a fuego bajo 5 minutos, hasta que el azúcar se disuelva, inclinando el cazo para mezclar los ingredientes. Suba el fuego y hierva el almíbar a fuego fuerte de 12 a 15 minutos, o hasta que alcance una temperatura de 115 °C en el termómetro para azúcar y se espese.

4. Monte la clara de huevo restante a punto de nieve en un bol grande limpio y, después, vierta el almíbar caliente poco a poco hasta obtener una pasta satinada. Incorpórelo a la pasta de almendra y remueva con suavidad hasta que la pasta vuelva a ganar cuerpo y recupere el tono satinado.

5. Introduzca la pasta de almendra en la manga pastelera con boquilla de 1 cm de diámetro y disponga en las bandejas de forma espaciada 40 tiras de 2 cm. Déjelas reposar 30 minutos, o hasta que se sequen un poco por fuera. Cueza las bases de los *macarons* en el horno precalentado de 12 a 15 minutos, con la puerta entornada, hasta que estén consistentes.

6. Pase las base de los *macarons*, sin despegarlas del papel, a una rejilla metálica. Déjelas enfriar un par de horas y, después, retire el papel. Disponga una cucharadita de dulce de leche sobre la mitad de las bases y cubra el relleno con las restantes.

7. Los *macarons* pueden guardarse sin rellenar 5 días como máximo en un recipiente hermético en un lugar frío y seco.

Mazapanes de limón con alcorza

Para: 30 unidades
Preparación: 25 minutos
Reposo: toda la noche

Originales de Aix-en-Provence, en Francia, estos dulces de almendra y cítricos son muy fáciles de preparar y saben a gloria.

200 g de almendra molida

200 g de azúcar

1 huevo grande

unas gotas de esencia de cítricos

la ralladura fina de ½ naranja

ALCORZA:

200 g de azúcar glas (impalpable) tamizado, y un poco más para espolvorear

el zumo (jugo) de 1 limón

1. Forre un molde cuadrado de 20 cm con papel vegetal, haciendo un corte al bies en los extremos y presionándolo de modo que quede bien adherido a la base y los bordes. Espolvoree la encimera con un poco de azúcar glas.

2. Ponga la almendra y el azúcar en un bol, y remueva. Añada el huevo, la esencia de cítricos y la ralladura de naranja, y mézclelo con las manos hasta obtener una pasta consistente.

3. Trabaje un poco el mazapán sobre la encimera e introdúzcalo en el molde presionándolo con el dorso de una cuchara hasta que quede liso y uniforme. Déjelo reposar 1 hora.

4. Para preparar la alcorza, mezcle el azúcar glas y el zumo de limón en un bol hasta obtener una pasta homogénea y extiéndala de modo uniforme sobre el mazapán. Tápelo y déjelo secar en un lugar frío, que no sea el frigorífico, toda la noche.

5. Corte el mazapán en pequeñas porciones con un cortapastas de forma decorativa. Sirva los mazapanes o refrigérelos 2 días como máximo en un recipiente hermético.

Índice analítico

albaricoques
 caramelos de gelatina de fruta 14
 nougat de pistacho y albaricoque 20
 piruletas de pistacho y orejones 36
almendras
 macarons de dulce de leche 76
 mazapanes de limón con alcorza 78
 miniflorentinas de arándanos rojos
  al jengibre 52
 minimacarons 74
arándanos rojos
 bocaditos de arándanos, nubes
  de azúcar y sésamo 32
 miniflorentinas de arándanos rojos
  al jengibre 52

bocaditos de arándanos, nubes de azúcar
 y sésamo 32
bocaditos de coco y frambuesa 16
bombones de chocolate blanco
 al limón 68
bombones de crema de cacahuete 22
bombones de moca 70

caramelo
 bocaditos de chocolate y caramelo
  a la sal 48
 macarons de dulce de leche 76
 minimanzanas caramelizadas 18
 palomitas al caramelo 28
caramelos blandos
 caramelos de *fudge* con galletitas
  saladas 42
 caramelos de *fudge* de chocolate
  al whisky 40
 caramelos de *fudge* de vainilla 38
 piruletas de pistacho y orejones 36
chocolate
 bigotes de chocolate 60
 blanco 6
 bocaditos de chocolate y caramelo
  a la sal 48
 bocaditos de chocolate y menta 64
 bombones de chocolate blanco
  al limón 68
 bombones de crema de
  cacahuete 22
 bombones de moca 70
 caramelos de *fudge* con galletitas
  saladas 42
 caramelos de *fudge* de chocolate
  al whisky 40

chocolate blanco con frutos secos
 y caramelo de menta 56
con leche 6
derretir 9
fresas con chocolate blanco y negro 50
grageas de chocolate a la guindilla
 y cardamomo 72
minidonuts de chocolate 58
miniflorentinas de arándanos rojos
 al jengibre 52
minimerengues de chocolate 54
negro 6
piel de naranja con chocolate 46
trufas al amaretto 66
coco
 bocaditos de coco y frambuesa 16
 miniflorentinas de arándanos rojos
  al jengibre 52

fresas
 fresas con chocolate blanco y negro 50
 nubes veteadas de fresa 12
frutos secos
 bombones de crema de cacahuete 22
 caramelos de pacanas con sal marina 24
 guirlache de anacardos 34
 trufas al amaretto 66
 véanse también almendras; nueces;
  pacanas; pistachos

galleta de jarabe de caña 30
gelatina: caramelos de gelatina de fruta 14
grageas de chocolate a la guindilla
 y cardamomo 72
guirlache de anacardos 34

ingredientes 146

jarabe de caña
 galleta de jarabe de caña 30
 palomitas al caramelo 28
jengibre
 macarons de dulce de leche 76
 miniflorentinas de arándanos rojos
  al jengibre 52

leche condensada
 bocaditos de coco y frambuesa 16
 caramelos de *fudge* con galletitas
  saladas 42
 caramelos de *fudge* de chocolate
  al whisky 40
leche evaporada: caramelos de *fudge*
 de vainilla 38

manzanas
 caramelos de gelatina de fruta 14
 minimanzanas caramelizadas 18

mazapán: mazapanes de limón con
 alcorza 78
mazapanes de limón con alcorza 78
menta
 bocaditos de chocolate y menta 64
 chocolate blanco con frutos secos
  y caramelo de menta 56
miel
 bocaditos de arándanos, nubes de
  azúcar y sésamo 32
 miniflorentinas de arándanos rojos
  al jengibre 52
 nougat de pistacho y albaricoque 20
minidonuts de chocolate 58
minimacarons 74

naranjas
 mazapanes de limón con alcorza 78
 piel de naranja confitada con
  chocolate 46
nougat de pistacho y albaricoque 20
nubes de azúcar
 bocaditos de arándanos, nubes de
  azúcar y sésamo 32
 nubes veteadas de fresa 12
nueces
 caramelos blandos de chocolate
  al whisky 40
 bocaditos de chocolate y caramelo
  a la sal 48

pacanas: caramelos de pacanas con sal
 marina 24
palomitas: palomitas al caramelo 28
piel de cítricos confitada: piel de naranja
 confitada con chocolate 46
piruletas de pistacho y orejones 36
pistachos
 bombones de chocolate blanco
  al limón 68
 grageas de chocolate a la guindilla
  y cardamomo 72
 nougat de pistacho y albaricoque 20
 piruletas de pistacho y orejones 36

sal marina
 bocaditos de chocolate y caramelo
  a la sal 48
 caramelos de pacanas con sal marina 24

técnicas de cocción 9
trufas
 bombones de moca 70
 trufas al amaretto 66

utensilios de cocina 7-8

vainilla: caramelos de *fudge* de vainilla 38

tabla **de** equivalencias

Las equivalencias exactas de la siguiente tabla han sido redondeadas por conveniencia.

medidas de líquidos/sólidos

sistema imperial (EE UU)	sistema métrico
1/4 de cucharadita	1,25 mililitros
1/2 cucharadita	2,5 mililitros
3/4 de cucharadita	4 mililitros
1 cucharadita	5 mililitros
1 cucharada (3 cucharaditas)	15 mililitros
1 onza (de líquido)	30 mililitros
1/4 de taza	60 mililitros
1/3 de taza	80 mililitros
1/2 taza	120 mililitros
1 taza	240 mililitros
1 pinta (2 tazas)	480 mililitros
1 cuarto de galón (4 tazas)	950 mililitros
1 galón (4 cuartos)	3,84 litros
1 onza (de sólido)	28 gramos
1 libra	454 gramos
2,2 libras	1 kilogramo

temperatura del horno

fahrenheit	celsius	gas
225	110	1/4
250	120	1/2
275	140	1
300	150	2
325	160	3
350	180	4
375	190	5
400	200	6
425	220	7
450	230	8
475	240	9

longitud

sistema imperial (EE UU)	sistema métrico
1/8 de pulgada	3 milímetros
1/4 de pulgada	6 milímetros
1/2 pulgada	1,25 centímetros
1 pulgada	2,5 centímetros